Iákovos Kambanelis

CARTA A ORESTES

Iákovos Kambanelis

CARTA A ORESTES

Introducción, traducción, comentarios y notas
de Sara Esteban Cabrera

Granada 2024
Centro de Estudios Bizantinos, Neogriegos y Chipriotas

Biblioteca de Autores Griegos Contemporáneos

Directora
Olga Omatos Saenz

Comité científico
Maila García Amorós, Idoia Mamolar Sánchez,
Panagiota Papadopoulou, Raquel Pérez Mena

DATOS DE PUBLICACIÓN

Iákovos Kambanelis, *Carta a Orestes*

Introducción, traducción, comentarios y notas de
Sara Esteban Cabrera

pp. 73

1. Literatura Griega Moderna   2. Teatro

© Centro de Estudios Bizantinos, Neogriegos y Chipriotas
  Edificio Josefina Castro Vizoso. Universidad de Granada
  Avenida de Madrid 19, 18071. Granada, España
© De la traducción: Sara Esteban Cabrera

Primera edición: 2024
ISBN: 978-84-18948-39-8
Depósito legal: GR 1297-2024
Maquetación: Jorge Lemus Pérez

Ilustración de la portada: *Escenario de la representación de la obra,
1992-1993.* Archivo del Teatro Nacional de Grecia / Fotografía de Stu-
dio DELTA: I. Ionás, P. Delikaris, K. Georgopoulos
Fotografía de Iákovos Kambanelis: Archivo de Katerina Kambaneli

El libro ha sido financiado por el Ministerio de Cultura de Grecia y
la Fundación Griega de Cultura en el marco del programa **GreekLit**.

ÍNDICE

PRÓLOGO

La presente edición con la traducción del griego moderno al castellano de una obra dramática de célebre y polifacético literato, Iákovos Kambanelis, se publica gracias al programa *Greeklit* del Ministerio de Cultura de Grecia y la Fundación Griega de Cultura, que impulsa la traducción de literatura griega a otras lenguas, en el marco de la difusión de la literatura griega en el extranjero.

La traducción al castellano que tienen en sus manos, *Γράμμα στον Ορέστη* (*Carta a Orestes*), se ha basado en el original publicado por la editorial Kedros en el tomo sexto de su edición de 1994.

Se recomienda la lectura de la introducción que antecede a la obra traducida, aunque de forma sucinta, acerca de la vida, obra, lengua y estilo de Iákovos Kambanelis. Asimismo, para un mejor aprovechamiento y comprensión de la obra recomendamos leer, dentro de esta introducción, los apartados relativos a *Carta a Orestes* y, a continuación de la traducción, los comentarios de la traductora sobre aspectos culturales del texto.

Por último, queremos agradecer al Ministerio de Cultura de Grecia y a la Fundación Griega de Cultura por habernos brindado la oportunidad de participar en el programa de traducción *Greeklit*, vertiendo al castellano al magnífico Kambanelis, y, por supuesto, al Centro de Estudios Neogriegos, Bizantinos y Chipriotas, por la edición del presente volumen en su serie *Biblioteca de Autores Griegos Contemporáneos*.

13

INTRODUCCIÓN

Datos biográficos y obra

Iákovos Kambanelis (Ιάκωβος Καμπανέλλης) nació en la isla de
Naxos, perteneciente al conjunto isleño de las Cícladas, el dos de
diciembre de 1921. Sus padres, Stéfanos Kambanelis y Ekaterini
Láskari, tuvieron nueve hijos, de los que Kambanelis ocupó el sexto
lugar. En 1934 se instaló junto con su familia en el barrio de Meta-
xurgío de Atenas, donde creció y, a causa de los problemas econó-
micos familiares, se vio obligado a estudiar por la noche y trabajar
por el día. Durante esa época, empezó a relacionarse con otros chi-
cos de su edad con inclinación por la literatura como, entre otros,
Aléxandros Kotziás, Tasos Livaditis o Renos Apostolidis, quienes
también ocuparían un lugar importante en la literatura neogriega.
Para formarse una base literaria a esa temprana edad, logró superar
las dificultades económicas alquilando libros usados de librerías.

Durante la ocupación de Grecia por las Fuerzas del Eje, junto
con un amigo planearon abandonar el país para dirigirse hacia Medio Oriente, aunque finalmente en 1942 marcharon rumbo a Suiza
a través de Austria. Sin embargo, sus planes se vieron truncados
ya que en el camino fue apresado en un control en Innsbruck y
trasladado a Viena para ser interrogado. Acabó recluido en el campo de concentración de Mauthausen hasta mayo de 1945, cuando
fue liberado por las fuerzas aliadas. Tras la liberación del campo de
concentración el 5 de mayo del mismo año por el ejército estadou-
nidense, y habiendo sido elegido por el grupo de griegos del campo

de concentración como representante del comité encargado de la recuperación y repatriación de sus compatriotas, fue el último de todos en regresar a Grecia. Kambanelis fue uno de los pocos supervivientes que sufrió los horrores de Mauthausen, hecho que le selló intensamente (Kambanelis 1990: 48). De hecho, en muchas de sus obras[1] abundan las referencias a conflictos bélicos o la guerra sirve de telón de fondo[2].

En octubre de 1945, poco después del final de la Segunda Guerra Mundial, por casualidad y por puro ocio, vio en Atenas la obra *Για ένα κομμάτι γης* (*Por un trozo de tierra*), representada por la compañía de *Théatro Tejnis* (Θέατρο Τέχνης) del famoso director Károlos Koun[3], y allí descubrió su pasión por el teatro. Según él, la representación le fue absorbiendo por completo y, al salir, se sintió muy conmovido por «una mentira», como llamaría en adelante a toda representación teatral[4].

Tras descubrir el poder del género teatral, intentó estudiar teatro, pero sus esfuerzos se vieron frustrados por la ley, que exigía un

---

[1] Aunque las vivencias de su reclusión son una constante en sus obras teatrales, dedicó al tema también la novela *Mauthausen*, la única que escribió (*Vid*. el capítulo de Pefanis 2022 y Kalokiri 2023).

[2] Recordemos que Kambanelis, aparte del conflicto armado de la Segunda Guerra Mundial, vivió las consecuencias de la catástrofe de Esmirna (1922), la dictadura de Metaxás (1936-1941), la entrada de los alemanes a Grecia (1941), la ocupación del país por las Fuerzas del Eje (1941-1944), la guerra civil griega (1946-1949) y la dictadura de los Coroneles (1967-1974). Su posición antibélica se refleja en la mayoría de sus obras.

[3] El Théatro Tejnis de Károlos Koun desempeñó un papel decisivo en la trayectoria de Kambanelis, cuyos sentimientos sobre este gran director, «amigo, colaborador y maestro» suyo, se pueden ver en la dedicatoria del tomo VI de sus obras editadas por la editorial Kedros (utilizamos la edición de 2011[5]), donde viene recogida, entre otras, *Carta a Orestes*. (*Vid*. Koun 1990: 184-188).

[4] Recogido en el documental autobiográfico dedicado a su figura, *Μονογράμμα*, *Ιάκωβος Καμπανέλλης*, 1ª parte, producido en 2005 por Sgourakis, G., Sgourakis, I., (Giorgos e Iró Sgourakis) para la radiotelevisión nacional griega (EPT), minutos: 10 min y 20 s – 10 min y 30 s.

título de bachillerato, mientras que él se había formado en dibujo técnico en la escuela pública de Sivitanidios. Cuando su sueño de convertirse en actor se truncó, decidió abrir la otra puerta que conducía al teatro: crear obras dramáticas, libre de requisitos burocráticos y de forma autodidacta.

En 1950, a los 28 años, comenzó su carrera dramática con el estreno de su primera obra, *Χορός πάνω στα στάχυα* (*Baile sobre las espigas*), que fue producida por Adamantios Lemos. La obra fue bien recibida por el público y la mayoría de los críticos (Kalamarás 2022). Desde entonces, no paró de escribir, llegando casi a las cuarenta obras. Entre ellas, *Έβδομη μέρα της Δημιουργίας* (*El séptimo día de la creación*), representada en el Teatro Nacional en 1956, que le valió el reconocimiento como dramaturgo, y *Η αυλή των θαυμάτων* (*El patio de las maravillas*), representada en 1957 por Károlos Koun en el Théatro Tejnis, con la escenografía de Giannis Tsarujis y música de Mikis Theodorakis. El entusiasmo con que fue recibida por el público y la crítica le consagró como escritor y renovador de la dramaturgia griega moderna[5].

Dada la compleja situación política y social del país en la década de 1960, pasó algún tiempo en Londres para empaparse de nuevas tendencias teatrales. En esa década, en 1961, publicó su única obra en prosa, *Mauthausen*, en la que relata sus experiencias en el campo de cocentración y muestra su clara postura antibelicista (Dimitroulia 2007). La gran acogida con la que fue recibido el libro le llevó a escribir letras de canciones sobre el mismo tema, que fueron musicadas por Mikis Theodorakis y tuvieron un gran éxito tanto en Grecia como a nivel internacional.

---

[5] Entre los críticos figuraban nombres como el de Ánguelos Terzakis (diario *To Vima*) y Kleon Parasjos (*I Kathimerini*). *Vid.* también la crítica de Leon Kukulas en el diario *Athinaikí* (https://www.kambanellis.gr/%CE%BA%CF%81%CE%B9%C-F%84%CE%B9%CE%BA%CE%B5%CF%83/).

En 1963, tras su regreso a Grecia, puso en escena en el famoso teatro Kotopouli-Rex su obra *Η γειτονιά των αγγέλων* (*El barrio de los ángeles*), un excelente reflejo de la vida social y política de la Grecia de los años sesenta. Dirigió la producción, en la que también participaron algunos de los grandes nombres del teatro y la música griegos: la compañía teatral de Tzeni Karezi y Nikos Kúrkulos, y la música de Mikis Theodorakis, que escribió algunas de sus mejores canciones para la obra (Paridis, Ήμουν εκεί).

Poco antes de la caída del régimen de los Coroneles en 1974 subió al escenario Το μεγάλο μας τσίρκο (Nuestro gran circo) en 1973, que recoge la presente edición, y después de la caída Ο εχθρός λαός (El pueblo enemigo) en 1975 (Pefanis 2006: 122-169), que contienen una aguda crítica a las diversas situaciones de la vida social y política del Estado griego desde su creación a principios del siglo XIX. La delicadeza y el ingenio con que abordó cuestiones tan difíciles hicieron de Kambanelis un símbolo de la resistencia al autoritarismo y la corrupción que asolaban la vida griega. Pocos años después, en 1978, la editorial "Kedros" empezó a publicar casi todas sus obras teatrales, que hoy suman nueve volúmenes, acompañados de material fotográfico de las primeras representaciones, críticas y artículos.

Tras varios años de ausencia, Kambanelis regresó con Ο αόρατος θίασος (La compañía invisible) que se representó en 1989 en el Teatro Nacional. En 1993 llevó también al escenario del Teatro Nacional la obra *Γράμμα στον Ορέστη* (*Carta a Orestes*), *Ο δείπνος* (*La cena*) y *Πάροδος Θηβών* (*Callejón de Tebas*), trilogía encerrada bajo el título de la segunda obra (Grammatás 1994: 21-29; Xanthos 2021). Con ella inició un nuevo ciclo de experimentalismo, que subtituló «Estudios y pruebas». En este contexto, la obra *Στη χώρα Ίψεν* (*En el país Ibsen*), que fue bien recibida en el Festival Internacional de Ibsen en Oslo (Tsatsoulis 2004; Grammatás 2000:

197-203), se basó en los *Gengangere* (*Βρυκόλακες*) de Ibsen, ya que él ejerció gran influencia en Kambanelis. También cabe destacar *Η Στέλλα με τα κόκκινα γάντια* (*Stella con los guantes rojos*), obra inspirada en su encuentro con la famosa actriz Melina Merkuri y cuya actuación cinematográfica, dirigida por Mijalis Kakogiannis en 1955, alcanzó una gran dimensión internacional. Esta obra, inspirada en el famoso mito de Carmen, estaba protagonizada por Melina Merkuri, Giorgios Fundas y Alekos Alexandrakis.

Aparte de su labor teatral, Kambanelis destacó como guionista, director de cine y letrista. Como guionista, escribió el guión de películas que obtuvieron un gran éxito popular (Deveroudi 1994: 165-195), entre otras, *Ο Δράκος* (*El dragón*), dirigida por Nikos Koundouros en 1956. Esta película se consideró un punto de inflexión en la historia del cine griego (Bouhadaki 2006; Grammatás 2006: 57-62). También fue letrista, habiendo escrito las letras de muchas de las canciones más famosas de Manos Jatzidakis y Mikis Theodorakis (Kambanelis 2020; Pefanis 2005: 257-327). Asimismo, colaboró con la Radio Nacional con numerosas emisiones literarias y escribió artículos publicados en conocidos periódicos griegos.

Iákovos Kambanelis falleció a los 89 años en Atenas el 29 de marzo de 2011, pocos días después de la muerte de su esposa, Niki Ioannidou, con la que tuvo una hija, Katerina Kambaneli. Fue un hombre de gran fama en vida, como demuestran las numerosas producciones de sus obras (Pefanis *Χρονολόγιο*) y los numerosos premios que recibió: Doctor Honoris Causa por la Facultad de Filosofía de la Universidad de Chipre (1996), por la Escuela de Arte Dramático de la Universidad Aristóteles de Salónica (1999) y por el Departamento de Estudios Teatrales de la Facultad de Filosofía de la Universidad de Atenas (1999). En 2000 fue condecorado con la insignia de la Orden del Fénix por Konstantinos Stefanopoulos, Presidente de la República Helénica. Su reconocimiento continuó tras su muerte con la creación del Archivo Kambanelis (https://www.kambanellis.gr/)[6], el Museo del Teatro "Iákovos Kambanelis" en la isla de Naxos y la página www.kambanellis.gr. Sus obras figuran en los programas de estudios de teatro de universidades y escuelas de arte dramático de Grecia y algunas de ellas han sido traducidas a numerosos idiomas. En concreto, varias han sido traducidas al español principalmente por la mexicana Selma Ancira.

Kambanelis ha sido definido como el creador del teatro griego de posguerra (Grammatás 2011[5]: 221). Actualmente es el dramaturgo griego preeminente del siglo XX. Como renovador de la dramaturgia griega moderna, escribió obras adelantadas a su tiempo, motivo por el que muchos incluso dudaban que fueran obras de teatro. En sus obras expresa una preocupación política y social accesible a todos, ya que se esfuerza por llevar el teatro a todos los públicos. Reconoce que las obras que tienen algo de verdad y responsabilidad son las que puede entender el pueblo llano. Según él, el teatro es un milagro que tiene el poder de conmover a todo el mundo y llegar, en particular, a las clases más pobres (Kambanelis 1990: 14-19).

Aunque su obra se ha descrito a menudo como teatro político (Pefanis 2020: 28-29 y 2001: 345), esta expresión molesta a nuestro autor, que siempre ha desconfiado del término. Argumenta que la denominación de "teatro político" es en sí misma una redundancia, ya que el teatro ha sido y sigue siendo político desde su nacimiento; se trata de un carácter congénito e inherente a la dramaturgia desde

---

[6] *Vid.* también las secciones correspondientes a Kambanelis en el Archivo Digital del Teatro Nacional de Grecia (http://www.nt-archive.gr/peopleDetails. aspx?personID=4937 y https://www.ert.gr/ert-arxeio/iakovos-kampanellis-29-martioy-2011-3/).

sus orígenes, que no debe aislarse del concepto de teatro, ya que éste es, al fin y al cabo, el contexto en el que se inserta. Así, sostiene que el teatro es la "conciencia moral de la realidad social" (Pefanis 2001: 61). Cree que el teatro debe ser un "espacio de encuentro intelectual y político" (Pefanis 2001: 65), un foro social de intercambio y unificación entre el público que no lo divide en diferentes actitudes ante un tema, sino que fomenta el diálogo entre este. Defendía así el teatro como elemento unificador y horizontal, capaz de provocar cambios, de resonar en todos y de no dejar indiferente a nadie, lo que sin duda consiguió[7].

Lengua y estilo

En las obras de Iákovos Kambanelis, que descendía de una familia de la isla de Naxos, se discierne una posible influencia lingüística de su isla en su modo de expresión teatral. Consideraba que no estaba imbuido de un modo de expresión estándar y burgués, sino que era poco complejo, lleno de vida propia, es decir, de los contextos específicos que permiten el uso de un lenguaje rico, auténtico, popular y particular. Tal vez ese lenguaje fuera, por tanto, el de muchos de sus personajes, configurados a menudo con base en sus parientes (Kambanelis 1990: 42-43).

Carta a Orestes es un monólogo pronunciado por Clitemnestra. A pesar del uso de la carta como medio de expresión del monólogo (Xanthos 2021), impera el carácter oral de la lengua; es más, aunque se trata de un monólogo enunciado por la supuesta Clitemnestra –por lo que cabría un registro más elevado–, esta utiliza un lenguaje sencillo del día a día con el que podemos identificarnos, mediante un estilo directo y cotidiano, con frases cortas y sin

---

[7] Sobre la obra en general de Kambanelis *vid.* AAVV 1994; Puchner 2010; Pefanis 2005: 153-202.

apenas uso del registro culto. Acorta palabras mediante apócopes que hacen el texto más fluido en cuanto al ritmo y velocidad del habla y que le confiere un fuerte carácter oral. Hace uso de palabras y expresiones idiomáticas y otros giros populares del habla contemporánea y cotidiana, como vocativos afectivos dirigidos a sus hijos. Algún error sintáctico, es puesto a propósito o responde a los mismos errores que se cometen en el habla del día a día o son expresiones registradas en la lengua cotidiana, hecho que refleja justamente este carácter oral que se ha señalado. De hecho, estas formas suponen un acierto en la dimensión teatral de Kambanelis, quien concede a los intérpretes la viveza del lenguaje del día a día. Por otro lado, al ser un monólogo que revela las intimidades de Clitemnestra, Kambanelis utiliza palabras muy cargadas («monstruo», «guarradas», «haberme violado», «hedor a vino», «arpía») que conceden al texto fuertes imágenes y una gran carga emotiva. Es obvio que sabe cómo utilizar las palabras para transmitir mensajes cargados de emoción y sentimiento.

En cuanto al tratamiento del tiempo, la protagonista, al relatar momentos de la vida anterior de Clitemnestra, emplaza la acción en el pasado, haciendo uso de los tiempos verbales que le corresponden, siguiendo un orden cronológico y con incursiones y comentarios del personaje principal al grueso de la historia. Dada la dificultad que supone mantener la atención del espectador en una obra en la que solo hay un intérprete, utiliza frases cortas para dotar de ritmo y fluidez al texto. Incluye también varias acotaciones en las que indica los movimientos y el comportamiento escénico de la actriz: por ejemplo, manipular las hojas que conforman la carta que supuestamente escribe a Orestes. Muchas oraciones comienzan con el nexo copulativo «y», característico del estilo narrativo oral, para darle sensación de continuidad al relato y, sobre todo, oralidad. Como contrapeso, y para mantener un equilibro en cuanto a la excitación del público por los continuos estímulos verbales y de acción con las hojas de Clitemnestra, hace un uso muy elevado, casi abusivo, de los puntos suspensivos para intercalar pausas y añadir suspense a su narración continuada, aunque el uso de este signo de puntuación es una constante en la obra dramática de Kambanelis.

SOBRE "CARTA A ORESTES"

La obra en un acto de *Carta a Orestes*, aunque fue editada en 1994 (Kambanelis 1994), se representó por primera vez el 27 de febrero de 1993 [1] en el escenario Νέα Σκηνή (Nea Skiní) del Teatro Nacional de Grecia, seguida de *O Δείπνος* (*La cena*) y *Πάροδος Θηβών* (*Bocacalle de Tebas*) –también obras en un acto–, englobadas todas bajo el título en común *O Δείπνος* (La cena) y bajo la dirección de su autor, Kambanelis. En esta trilogía, Kambanelis invoca a los héroes trágicos de la casa de los Atridas para las dos primeras obras y de la casa de los Labdácidas para la última. *Carta a Orestes* es la respuesta personal que da Kambanelis a la presencia del mito de los Atridas en el mundo contemporáneo, en la que pretende resarcir la imagen de Clitemnestra y reparar la imagen de mujer malvada y perversa que la tradición mitológica y trágica le ha atribuido durante siglos.

Anteriores a Kambanelis, encontramos los monólogos de Giannis Ritsos, uno de los poetas griegos más importantes del siglo XX, en su colección *Τέταρτη Διάσταση* (*Cuarta dimensión*). En esta colección de monólogos poéticos teatralizados –que incluyen acotaciones que preceden y siguen a cada monólogo enmarcando el tiempo, lugar, atmósfera y acciones de los personajes–, emplaza como protagonistas a héroes trágicos de la guerra de Troya y de la casa de los Atridas[2]. En estos monólogos, Ritsos se sirve de la mitología para

---

[1] Para una recopilación de las representaciones de *Carta a Orestes* en Grecia (1993-2007) y en el extranjero (1997-2006) *vid.* Sakellaropoulou 2008: 121-176.

[2] Son, en concreto, de las diecisiete obras que conforman la colección, las siguientes (seguidas de la fecha de composición): *Κάτω από τον ίσκιο του βουνού* (*Bajo la sombra del monte*), 1960; *Ορέστης* (*Orestes*), 1962-1966; *Φιλοκτήτης* (*Filoctetes*), 1963-1965; *Αγαμέμνων* (*Agamenón*), 1966-1970; *Αίας* (*Áyax*), 1967-1969;

adaptarla a su época y renovarla conforme al contexto político de la Grecia de posguerra, al igual que hará Kambanelis. En este contexto, Papandreu incluye a Kambanelis en la "tradición de escritores, desde O' Neill y Giraudoux, hasta Yourcenar y Ritsos, que querían resarcir la imagen de Clitemnestra, hacerle justicia" (Papandreou 2011: 17)[3]. Es más, en el programa de la representación del tríptico, Papandreou (Papandreou 2011: 16 y Kambanellis 2011: 233) indica que "el diálogo teatral neoheleno con los grandes personajes trágicos llegó con retraso, en comparación con el resto de Europa, y encontró su mejor aprovechamiento en los monólogos poéticos de Giannis Ritsos".

En este monólogo[4] breve, directo e intenso, pronunciado por la madre de Orestes a su hijo, Kambanelis retira el velo y deja ver la cara oculta de Clitemnestra, la psicología sobre la que ninguno de los tres tragediógrafos clásicos llegó a profundizar. Es un intento de explicarle a su hijo Orestes qué causas la llevaron a cometer el conyugicidio, para que prevenga a Electra e intente convencerla de que no la asesine, o, al menos, que no lo haga con sus propias manos, sino que sea asesinada por otra persona. Clitemnestra es de alguna manera consciente de la maldición heredada e intenta prevenir a Orestes para que no cometan sus hijos los mismos errores que los de su estirpe, ella incluida: "¡(…) no te dejes llevar tú también por los errores de tu abuelo y de tu padre! Libérate, Orestes".

Χρυσοθέμις (*Crisótemis*), 1967-1970; *Η Ελένη* (*Helena*), 1970, e *Η επιστροφή της Ιφιγένειας* (*El regreso de Ifigenia*), 1971-1972. *Vid.* RITSOS 2015, para la lectura de algunas de estas en español.

[3] Para referencias a otros escritores que presentaron una buena imagen de Clitemnestra *vid.* Puchner 2010: 660 y ss.

[4] Para una lectura general de la forma del monólogo en la dramaturgia antigua y moderna griega *vid.* Diamandakou-Agathou 2010: 55-84. Respecto al monólogo de la Clitemnestra de Kambanelis en concreto, las pp. 68 y 69.

Esta carta es una confesión que escribe para justificarse y mostrarle a sus hijos que sus motivos no eran injustos; es una suerte de apología de Clitemnestra en la que esta hace un ejercicio de conciencia para que los espectadores vean a la mujer y empaticen con su alma, pesares, deseos y motivos de sus actos. Como el propio autor dice, "el teatro no es una representación de la realidad exterior, sino de la interior" (Kambanellis 1990: 175), y no cae en el error de pretender ser una orden de comportamiento o pensamiento para la sociedad de acuerdo con la ética, sino un motivo de introspección, reflexión y autoconocimiento para el espectador.

En este marco de confesión y de diálogo interior, el monólogo se emplaza en una de las estancias del palacio de Micenas en un ambiente oscuro, a la luz de una vela y de la luna, que crea una sensación de privacidad, introspección y confesión. De hecho, este ambiente de oscuridad y la aparición repentina de los personajes antes de cometer el matricidio –"(…) *se abre la puerta sin hacer ruido y aparece Electra, que se hace a un lado para que pase Orestes. Clitemnestra continúa sin sospechar nada*"–, coincide con la descrita en la *Electra* de Sófocles: "*Y el hijo de Maya, Hermes, ocultando en la sombra su perfidia, los empuja hacia la misma meta y ya no los tiene en suspenso* (vv. 1390 y ss.)".

La atmósfera está cargada de urgencia e intranquilidad por las alusiones directas a Orestes en referencia al tiempo como "Sé que mis días están contados", "¿Dónde estás, Orestes?" o "¿Por qué tardas?", entre muchas otras esparcidas a lo largo del monólogo. Por una parte, se quiere dar prisa en acabar la carta y, por otra parte, espera en cualquier momento su muerte a manos de Electra. Desea la llegada de Orestes para poder darle la carta, pero, al mismo tiempo, escribe la carta a escondidas y apaga la vela al escuchar ruidos fuera, por si fueran Electra y sus cómplices los que se aproximan para ejecutarla. Kambanelis juega con los tiempos de la espera por Orestes y de su propia muerte para terminar el monólogo de forma abrupta y violenta, sin haber concluido la carta, y siendo la última palabra "nunca", enfatizada y dos veces enunciada. De esta manera le confiere, con el mismo desenlace que el de las tragedias, el carácter trágico al monólogo, pues Clitemnestra no ha podido evitar su muerte y, además, es ejecutada por conspiración entre sus dos hijos y, en concreto, a manos de Orestes, en quien tenía depositadas sus esperanzas para con Electra y para con la salvación de la casa de los Atridas.

El teatro social de Kambanelis y el mito de los Atridas

Los mitos griegos siguen ejerciendo una influencia enorme en la creación de obras de diversa índole y se revisitan cada época bajo diferentes disfraces literarios. Los clásicos son historias recicladas sin fin cuyas estructuras se visten de detalles para concederles diferentes perspectivas, colores o matices. Cada época se sirve de sus clásicos para revivirlos, transformarlos o cuestionarlos. A veces se reproducen de manera fiel y otras veces, por ejemplo, se versionan. La influencia que ejerció la antigua Grecia en la obra de Kambanelis es muy significativa, como él mismo reconoce. Como hemos dicho, *Carta a Orestes* es el resultado del diálogo de Kambanelis con las tragedias de la casa de los Atridas y, en concreto, con el personaje de Clitemnestra.

El mito de los Atridas[5], relacionado con el ciclo troyano, es uno de los más conocidos. Es, de hecho, uno de los mitos más prolíficos en cuanto a la creación de obras literarias. El tragediógrafo del que más obras conservadas tenemos en relación con el mito

---

[5] Es decir, los descendientes de Atreo, rey de Micenas. Sobre la presencia del mito de los Atridas en el teatro moderno griego *vid.* Papandreou 2011: 11-18.

de los Atridas es Eurípides, con cuatro obras en total; le sigue Esquilo, con 3 obras y, por último, Sófocles, con una[6]. El mito de los Atridas engloba las desgracias continuadas y los horrendos crímenes perpetrados de generación en generación por familiares de esta estirpe, a los que se aluden –así como a otros mitos parecidos, como Medusa y Perseo, Altea o las mujeres de Lemnos– de manera directa o indirecta en las obras de los tres tragediógrafos. Macía Aparicio hace un fantástico resumen de esta serie de calamidades:

"Tántalo, origen de la estirpe, ofreció a los dioses en un banquete a su propio hijo, Pélope, que salió del paso con un hombro de marfil, porque Deméter, despistada, le dio un bocado. Pélope mató a Mírtilo pagándole de esa inicua manera la ayuda que de él había recibido para vencer a Enomao. Sus hijos, Atreo y Tiestes, dieron muerte a un tercero, Crisipo, y en sus ulteriores disputas dinásticas hubo adulterios y usurpación del trono, hasta que Atreo, repitiendo el proceder de su abuelo Tántalo, dio a comer a su hermano Tiestes la carne de sus hijos. Agamenón y Menelao, hijos de Atreo, acaudillaron la expedición contra Troya, pero el primero fue muerto por Egisto con la complacencia de Clitemnestra, que no soportó el sacrificio de Ifigenia, inmolada para que pudiera zarpar la flota de Troya, ni que Agamenón volviera con Casandra, a la que se trajo como concubina. Ella, por su parte, se había amancebado muy pronto con aquel Egisto, un hijo de Tiestes, que vengaba con el adulterio y el asesinato la afrenta que Atreo infligiera a su padre. Clitemnestra, en fin, fue asesinada por Orestes, instigado y ayudado por Electra (Eurípides 2019: 25-26)".

---

[6] Estas son: de Eurípides, *Ifigenia en Áulide*, *Ifigenia en Táuride*, *Electra* y *Orestes*; de Esquilo, la *Orestíada* (*Agamenón*, *Coéforos*, *Euménides* y *Proteo*, el drama satírico no conservado) y, de Sófocles, *Electra*.

En este sentido, *Carta a Orestes* ha sido considerado un comentario al conjunto de tragedias en relación con la casa de los Atridas (Georgousopoulos 1993: 229-230). Como indica Kambanelis, su punto de partida para una obra no son las historias, que pueden, en todo caso, ser impersonales, sino las personas en sí, y ciertas personalidades en concreto que, una vez les da voz, son estas las que le dictan sus propios diálogos, actuando como mero transmisor de la expresión particular del personaje (Kambanellis 1990: 39). De esta manera, Kambanelis concibió la idea de esta obra unos cuarenta años antes de su representación, sobre el año 1956, al ver a Electra en la *Orestía* de Esquilo (Sgourakis 2005). Él mismo refiere que cada vez que veía representaciones de la *Orestía* y de *Electra*, siempre se ponía del lado de Clitemnestra:

> *"A ella comprendía y daba la razón, la sentía como la gran juzgada, se convirtió en una de mis personas "teatrales" favoritas y cercanas. La adoración que le tenía a mis padres, mis creencias respecto a la casa familiar y el periodo de posguerra en el que vivíamos alimentaron por seguro con sentimientos míos lo que Clitemnestra siente e intenta escribir a Orestes"* (Kambanellis 2011: 19-20).

Esto hace de Clitemnestra, a su misma vez, un instrumento canalizador de las opiniones del autor, que adopta la forma de narrador homodiegético (Diamantakou-Agathou 2010: 69) y se expresa a través de la historia de Clitemnestra, identificándose con ella y uniendo las creencias de ambos. Indica, de hecho, en la "nota del escritor" inserta en el programa de la representación, que los mitos son eternos: "Esa es la razón por la que el empleo de situaciones y personajes sacados de mitos trágicos puede resultar familiar y claro al espectador en cuanto a los asuntos actuales que se intentan comunicar" (Kambanellis 2011: 19).

La obra de Kambanelis podría considerarse como la versión contemporánea del teatro griego antiguo (Ladogianni 2005: 214). En este sentido, cabría decir que la ironía trágica de esta obra recae sobre el espectador, que, si bien conoce el desenlace del mito, alberga la esperanza de una versión con un posible final distinto. Sin embargo, ni siquiera en esta versión contemporánea cambia el trágico fin, sino que coincide con las tragedias. Al tratarse de una obra moderna en la que, además, Kambanelis juega muy bien con los ritmos, las pausas y la intriga de un solo personaje –pretende alcanzar una gran intensidad dramática en un tiempo breve–, cabría pensar en un final alternativo, mas el destino de los personajes se impone con la velocidad del rayo, apareciendo Orestes y Electra y dejando a Clitemnestra con la palabra en la boca y al espectador con la boca abierta.

Teniendo en cuenta lo anteriormente expuesto, y en cuanto al concepto del destino, tan presente en la mentalidad griega antigua y contemporánea, nos encontramos con un final trágico. Kambanelis planta en el espectador la esperanza de una versión paralela o un final alternativo al mito que acaba esfumándose con la entrada en escena de Orestes y Electra al cometer el matricidio, quizá dando a entender la fuerza del mito que perdura sin que nada haya cambiado desde hace siglos. Aunque por un momento cabe pensar que Kambanelis pudiera cambiar la resolución de la obra, la realidad prevalece, puesto que los personajes se comportan como son y como el destino impone, no como querrían los espectadores o Kambanelis, quien sostiene que, cuanto más invisible sea el autor, mejor será la obra, y que este debe pasar desapercibido y ser el canal receptor de las voces propias de los personajes, limitarse a ser un trasmisor de sus mensajes (Kambanellis 1990: 101-102). Por eso, Orestes y Electra acaban matando a su madre, porque comparten el mismo destino de venganza, como indica su autor:

"Algo ineludible del estilo ocurre a Orestes y a su hermana Electra. Electra convence a Orestes para que mate a su madre, Clitemnestra, y a su padrastro, Egisto, porque estos dos habían matado a Agamenón. Clitemnestra había conspirado contra Agamenón porque este había sacrificado a su hija Ifigenia a los dioses. Egisto deseaba la muerte de Agamenón porque el padre de este, Atreo, había matado al suyo, Tiestes, y a los hermanos de su padre. De esta manera, vemos a Orestes saldando las cuentas que comenzaron con su abuelo. El destino trágico de Orestes es que debe continuar con las muertes que él no empezó" (Kambanellis 2011: 131-132).

De hecho, según Grammatás (Kambanellis 2011: 220), "el destino y la tragedia de la existencia humana, el callejón sin salida en la acción de los héroes y la imposibilidad de la justicia social y existencial constituyen ejes temáticos de su dramaturgia". Como dice la Clitemnestra de Esquilo: "También la Moira, hijo, es culpable conmigo" (*Coéforas,* v. 910). Para Kambanelis, "en el teatro social el destino de las personas viene determinado por el ámbito social, por los prejuicios sociales o el sistema social. Todo esto son actos humanos, por lo que puede estar sujeto a cambios" (Kambanellis 1990: 134), al contrario que en las tragedias. Quizá por eso Kambanelis defiende a Clitemnestra y no entra a juzgar el asesinato de Agamenón, sino que, quizá, critica la idea de juzgar siempre al débil, sin ser conscientes de la realidad que lo rodea y, en este caso, de lo que ocurre dentro de palacio y, sobre todo, dentro de los personajes.

De esta manera, y a diferencia de las tragedias de Esquilo y Sófocles –de Eurípides, en menor medida–, hay una secularización evidente, pues no hay ni rastro del elemento divino en Kambanelis. Es en su totalidad una cuestión humana en la que acciones y responsabilidades recaen en la psicología de los personajes, aunque en el marco del inexorable destino. En el teatro social, es el contexto social y político el que, actuando como el destino, condiciona las acciones de los personajes.

Comparativa de personajes en relación con las tragedias

Se han vertido ríos de tinta sobre el estudio de los héroes de los tres tragediógrafos por antonomasia. Interesa, en concreto, una breve comparativa de las diferencias y las concomitancias más relevantes de los personajes principales en las tragedias de Eurípides, Esquilo y Sófocles y en *Carta a Orestes*.

Ya en la *Odisea*, Agamenón relata su propio asesinato en dos pasajes (*Cantos* III, vv. 250 y ss. y XI, vv. 410 y ss.). Según el poema épico, Clitemnestra se niega a cometer adulterio, pero, por las fuerzas del destino, acaba sucumbiendo a los encantos e insistencias de Egisto. Sin embargo, Clitemnestra se presenta como instigadora del crimen, no autora material, y a Egisto como el ejecutor. A quien sí mata, sin embargo, es a Casandra, al mismo tiempo que Egisto le daba muerte a Agamenón. No será hasta las tragedias que Clitemnestra aparezca como la propia asesina de su esposo.

La Clitemnestra de las tragedias tiene miedo y espera en cualquier momento una represalia, una venganza, latente y amenazante, que se traduce en pesadillas por las noches y en el deseo de que Orestes siga en el exilio y no vuelva a palacio. De hecho, por ejemplo, en la tragedia *Coéforos,* de Esquilo, ordena verter libaciones en la tumba de Agamenón para intentar tranquilizar al asesinado (vv. 520 y ss.) y evitar así su venganza. La Clitemnestra de Kambanelis ya no es odiosa y malvada, no es una madre con miedo a la venganza de sus hijos, sino una madre con miedo a que no llegue su hijo o, más bien, a que llegue demasiado tarde, al contrario que en las tragedias: "Es más el miedo de que puede que llegues cuando ya sea demasiado tarde". También es una madre con miedo a que sus hijos se manchen las manos con su sangre y a las consecuencias que eso puede acarrearles: "No me preocupa mi vida, Orestes. No ruego porque vengas rápido para que no me mate. Me preocupa Electra. Sé qué significa mancharte las manos de sangre". Clitemnestra es una madre sincera, cercana, inédita ante sus hijos, que se rebela y habla: "No me pega hablar así, no lo había hecho antes". Kambanelis atribuye la trama del asesinato de Agamenón única y exclusivamente a Clitemnestra y a sus confidentes, dejando fuera a Egisto.

Uno de los aspectos a la hora de escribir que más interesan a Kambanelis es la contradicción inherente al ser humano. Según Aristóteles (*Poética,* 1452b 30-1453a 12), los héroes trágicos debían ser virtuosos, pero, al mismo tiempo, imperfectos para que el espectador pueda sentir miedo, empatía y compasión por la desgracia que les acaece. Por una parte, Clitemnestra rebosa de amor por sus hijos, pero, por otra, ha sido capaz de matar a sangre fría a su esposo. Para Clitemnestra no supone ningún tipo de contradicción, sino que justifica sus acciones y le pide a Orestes que rompa con la maldición familiar, que no cometa él también los mismos errores que cometieron sus padres, que evite que Electra se manche las manos de sangre, tal y como hicieron sus progenitores. Clitemnestra, al igual que Electra, desea la llegada de Orestes: aunque el motivo de Electra es la sed de venganza, el de Clitemnestra es justo el contrario, es decir, que pare el derramamiento de sangre y el ciclo de homicidios entre familiares. Justamente, la liberación de la casa de los Atridas no pasa por la venganza, sino por no cometer el crimen y romper la cadena de desgracias.

El discurso de Clitemnestra a lo largo del monólogo es casi en su totalidad un retrato de Agamenón desde su perspectiva en la que cuenta cómo ha sido el trato que ha tenido con ella y con sus hijos durante todos esos años: un esposo y padre ausente, autoritario y frío. Esta imagen contrasta con la de las tragedias, donde se ve a un rey y guerrero noble cuya muerte fue injusta y a mala fe, y en las que el motivo de su asesinato radica, aparte de en el resentimiento de Clitemnestra por el sacrificio de Ifigenia y el adulterio de Agamenón —al traer a Casandra como concubina—, en su inquina y avaricia, junto con Egisto, de deshacerse de Agamenón para reinar juntos. Así, Clitemnestra nos abre las puertas de su hogar y cuenta la realidad tras los muros de palacio: Agamenón es un hombre sin sensibilidad ni empatía, que no quiere a su esposa y que el vínculo que la une a ella es el de la posesión y la supeditación, sobre todo, con el fin de tener un hijo heredero de Clitemnestra para afianzar su posición política. Es un hombre con problemas de alcohol que llega incluso a violarla y que trata mal a todo palacio desde su creencia infundada de que intentan reírse de él o humillarlo. Es un hombre controlador y déspota que entierra sus sentimientos y rechaza al género femenino, al que intenta acallar y relegar al papel de madre, además de llevar a su pueblo a una guerra injusta y sacrificar incluso a una de sus hijas para ganar a toda costa. Esto contrasta con las tragedias, donde se ve como una virtud que Agamenón –e incluso la propia Ifigenia, en *Ifigenia en* Áulide– decida aceptar su sacrificio en honor y en beneficio de la campaña de Troya y, por ende, de la Hélade.

En cuanto a Electra, cabe mencionar que el parecido entre la Electra de Kambanelis y la de Sófocles[7] es evidente. La Electra más pasiva la encontramos en Esquilo, sin apenas participación en el asesinato de Orestes. Cobra más protagonismo en Eurípides y Só-

---

[7] Para una comparativa entre la *Electra* de Sófocles y *Carta a Orestes* de Kambanelis *vid.* Panousis 2017-2018: 247-263.

focles, pues se desvive hasta tal punto por vengarse que, en la *Electra* de Sófocles, y a diferencia de las tragedias de Eurípides y Esquilo, se muestra dispuesta a vengar por sí sola la muerte de Agamenón, al cerciorarse de la supuesta muerte de su hermano, motivo por el que propone a Crisótemis, su hermana, matar a Egisto (vv. 950 y ss.): "A éstas dos procede quererlas, a éstas dos procede que todos las admiremos (…) procede que todos sin excepción las honremos en atención a su valor", siendo la palabra utilizada para "valor" en el original griego el término "ἀνδρείας", palabra en relación directa con la masculinidad –de "ἀνήρ", "hombre"–. La representación por parte de Sófocles de una Electra masculina, con motivación propia y dispuesta a ejecutar la venganza por sí sola, es también la que nos muestra Kambanelis: "Me preocupa Electra. (…) Si se mancha las manos con la sangre de su madre, corromperá su alma para siempre". Así, la Electra de *Carta a Orestes* comparte el papel activo y decidido de Sófocles respecto a la venganza de su padre, aunque, según se indica en las acotaciones, Electra *"se hace a un lado para que pase* ORESTES", y es su hermano quien acaba alzando el cuchillo sobre la cabeza de su madre, al igual que en Sófocles. Respecto a la Electra euripídea, la venganza por su padre la alimenta su grave odio hacia Clitemnestra y Egisto por adúlteros, pero, en concreto, hacia su madre, a quien culpa de haber sido condenada a vivir con un labrador en la pobreza, fuera de palacio. Este aspecto de grave odio también lo encontramos en *Carta a Orestes,* pero radica en culparla de haberla parido niña, ya que eso generaba el rechazo de Agamenón hacia ella y, por ende, era motivo de humillación constante, tanto propia como por Agamenón. En la *Electra* de Eurípides, Clitemnestra le dice: "Hija mía, has nacido para amar siempre a tu padre" (vv. 950 y ss.)[8]. Esta "pasión" por su padre es otro punto en

---

[8] Cabe recordar aquí el llamado complejo de Electra.

común con *Carta a Orestes,* donde Electra idolatra a Agamenón a pesar del rechazo continuo.

Diametralmente opuesta se encuentra la imagen de Egisto que se presenta al espectador: no es el insolente, maquinador y tirano que presenta Esquilo, sino que es sabio, pacífico, prudente, sensible y enamorado, que disfruta de la soledad y no tiene aires de grandeza; un Egisto que acude a la llamada del pueblo y de Clitemnestra porque es querido, no porque desee usurpar el poder, como se presenta en todas las tragedias. De hecho, en *Agamenón,* de Esquilo, incluso se ufana de haber urdido el asesinato de Agamenón desde el destierro. En *Carta a Orestes*, Egisto es invitado por Clitemnestra por petición del propio pueblo. Se dejan claras las buenas intenciones tanto de Clitemnestra como de Egisto de hacer de la ciudad un lugar mejor, de parar la guerra y el derramamiento de sangre y de traspasarle el poder a Orestes y poder abandonar palacio juntos. Es Clitemnestra quien se vio obligada a cometer el asesinato de Agamenón en un acto de defensa como único remedio a su salvación, sin más participación que la de sus confidentes, es decir, sin hacer partícipe a Egisto de su plan, quien lo ignoraba por completo: "Se salvaría quien atacara primero".

Respecto a Orestes, no hay mucha información y, respecto a la poca que hay, no difiere de las tragedias. Se habla de un Orestes ausente en quien Clitemnestra tiene la esperanza de que, con su carta, la entienda y haga cambiar de opinión a Electra. No hay cambios en este personaje en relación con las tragedias porque, ante la dicotomía de impío por cometer matricidio y de piadoso por vengar a su padre, prevalece la venganza. Por eso, podemos concluir que el Orestes de Kambanelis se asemeja al euripídeo, en tanto que se muestra como un ejecutor del plan instigado por Electra –y, en Eurípides, por el ayo de su padre y Pílades, a pesar del terrible cargo de conciencia–, ya lejos del deber divino en Esquilo y Sófocles. La obra representada a continuación, *O δείπνος* (*La cena*), viene a confirmar esto, pues se presenta a un Orestes derrumbado y totalmente arrepentido, cuya decisión no recayó más que en sí mismo y en su psicología, no en ningún dios.

La carta como elemento dramatúrgico

La carta supone un elemento dramatúrgico de crucial importancia para la obra. Es el medio de expresión del monólogo-confesión, una apología a Orestes, receptor de una carta que no sabemos si llega a leer. La carta como medio de transmisión desempeña un papel esencial en la puesta en escena, ya que constituye un elemento activo en la dramaturgia, como se puede ver por las numerosas indicaciones sobre las hojas que hace Kambanelis en las acotaciones. Es una carta que está en transformación continua y que deviene en monólogo, en diálogo vivo y directo hacia Orestes y hacia el espectador indefinido, como si de su defensa en un juicio se tratara, o, en concreto, del juicio de los espectadores –aspecto en común con *Clitemnestra o el crimen* de Yourcenar–. El discurso de Clitemnestra es un híbrido entre lectura y dicción que se entrelazan. Se supone que está escrito, pero, en realidad, es la actriz quien interpreta de viva voz el texto que supuestamente redacta y arregla en el momento. Va también escribiendo conforme habla y va hablando conforme escribe, es decir, que hay una retroalimentación entre los modos de expresión.

Respecto a los efectos de la carta, esta está más allá de las consecuencias que pueda tener en su receptor, Orestes, en esta obra, puesto que es una carta abierta al propio público. Sin embargo, y como se verá más adelante, las consecuencias de la carta se trasladarán a la obra de *La cena,* donde vemos a un Orestes arrepentido y obsesionado que sí ha leído la carta, puesto que la menciona en varias ocasiones a lo largo de esta segunda parte del tríptico.

Clitemnestra está en continuo contacto con las hojas que conforman la carta. Escribe, lee y relee. Este elemento también se encuentra en las tragedias de *Ifigenia en Áulide* e *Ifigenia en Táuride,* de Eurípides:

> *Y tú has encendido la luz de la lámpara y escribes esa tablilla que sujetas aún entre tus manos y cuyas letras constantemente emborronas, les pones el sello y las vuelves a borrar, y tiras al suelo la tablilla de pino, derramando florecientes lágrimas, y no te falta ningún gesto de extravío para parecer un loco* (vv. 35-40).

Clitemnestra, al igual que Agamenón, escribe la carta, con la diferencia de que, y al contrario que Agamenón, no duda ni un instante de sus intenciones. Agamenón escribe, borra y rescribe; Clitemnestra, aunque desecha otras versiones, tal y como muestran las hojas arrugadas, escribe la carta final conforme al hilo de sus pensamientos. De hecho, evita de forma consciente cualquier borrón que pueda dar a entender alguna forma de arrepentimiento o manipulación al escribir. Quiere que sea una carta sincera y transparente: "Ha estado de más escribirte qué le gusta comer, pero, ya, se queda; si lo borro voy a ensuciar la página y puede que te preguntes encima qué es lo que he borrado. ¿Qué otra razón, si no...?".

En *Ifigenia en Táuride,* la carta desempeña un papel contrario al de *Ifigenia en Áulide* y a *Carta a Orestes:* Al encontrarse Pílades y Orestes ante Ifigenia, esta promete perdonarle la vida al primero a cambio de entregarle una carta a su hermano y acaba revelando su contenido de forma oral, por si acaso se extraviara la carta. Así es como se reconocen y reencuentran Ifigenia y Orestes.

Sin embargo, en *Carta a Orestes,* y en línea con *Ifigenia en Áulide,* tampoco la carta llega nunca y se ven truncadas las intenciones por las que se empezó a escribir. Si Menelao no se hubiera entrometido para que la carta no llegara, Ifigenia no habría sido sacrificada. Si Orestes hubiera leído la carta de su madre, quizá algo habría cambiado, aunque es poco probable, porque, como se ha referido antes, Kambanelis cree en el destino fatal de los personajes.

Intertextualidad y metateatro

La intertextualidad, más allá del mito (Grammatás 2011: 203-225)[9], entre las obras del propio Kambanelis se pone de manifiesto, y como se ha mencionado en varias ocasiones, en la segunda obra en un acto del tríptico *O Δείπνος* (*La cena*), "donde se reúnen todos los Atridas, muertos y vivos, cuando ya ha sucedido todo y, en vez de separarlos, los une la nada que les quedó" (Kambanellis 2011: 203-225). En esta obra, unos años después de los asesinatos de Clitemnestra y de Egisto, y tras el regreso de Ifigenia junto con Orestes desde Táuride[10], se sientan a cenar en honor a los fallecidos tanto estos –Agamenón, Clitemnestra, Egisto y Casandra– como los vivos –Electra, Orestes, Ifigenia y Folos[11]– en la casa del esposo de Electra, en Argos, lejos del palacio y de su olor a sangre.

Kambanelis recoge en esta obra lo que sembró en *Carta a Orestes*, ya que vemos a un Orestes atormentado y arrepentido por haber cometido matricidio, puesto que pronuncia una y otra vez

---

[9] Sobre la intertextualidad y el mito en la dramaturgia de Kambanelis *vid.* Grammatás 2011: 203-225.

[10] También según la tragedia de Eurípides *Ifigenia en Táuride* (414 a. C.).

[11] El esposo de Electra, un labrador, según *Electra* de Eurípides, a quien Kambanelis da ese nombre. Cabe mencionar que, en la tragedia de Eurípides, aparece como "Labrador de Micenas".

frases de la carta (Kambanellis 2011: 44-45, 50-52 y 57) que le escribió Clitemnestra y que, como se ve ya en esta segunda parte, justo leyó tras haberla matado. Todos se muestran arrepentidos y, por haber cometido lo que estaba escrito para ellos, cambiaron su forma de pensar respecto a sus actos, es decir, a posteriori, en armonía con el carácter trágico.

Además de la intertextualidad, el metateatro es una característica presente en la dramaturgia de Kambanelis (Liapis 2014: 123-141). No en vano el subtítulo del volumen en el que se recogen las obras del tríptico, entre otras, reza *Σπουδές και Απόπειρες* (*Estudios y pruebas*). Al principio de *Carta a Orestes* encontramos una nota-acotación del autor a modo de dirección teatral, en el que se propone para su representación un ambiente de ensayo: la actriz que interpretará el papel de Clitemnestra entra con café y cigarro en la mano. En la mesa, además de la vela y hojas, hay un cenicero. Como menciona, "cada representación, como todos sabemos, es un convincente 'suponer'" y utiliza a menudo expresiones del estilo "como si" o "se supone". Dice que el poder oculto del teatro no es otro que el misterio de hacer que la nada exista[12].

Por supuesto, el espectador no ha tenido por qué leer que la representación se llevará a cabo en condiciones de ensayo, pero es algo que entenderá por, entre otros, los que él llama "άσχετα αντικείμενα", es decir, los objetos provisionales sin relación ninguna con la escena o la obra que se suelen estar en los ensayos, como el cenicero o el café con los que entra la actriz a escena. Va más allá en *La cena,* donde el actor que interpreta a Egisto rompe la cuarta pared dirigiéndose al público de forma directa como última intervención al final de la obra, en la que se ve un carácter

---

[12] *Vid.* Kambanellis 1990: 22, donde explica cómo descubrió ese 'suponer' que es el teatro.

autorreferencial claro (Kambanellis 2011: 67-68). La escenografía de ambas obras es escasa, por no decir inexistente; solo algunos objetos en concreto son importantes, como la puerta del fondo, en la primera, o la mesa de la cena y sus utensilios, en la segunda. Con esta parca escenografía pareciera que la intención de Kambanelis es que los espectadores presten toda su atención a los diálogos y, en *Carta a Orestes,* que seamos espectadores del diálogo interno de su protagonista, de cómo ahonda y horada el dramaturgo en su historia y psicología con el objetivo de revisitar el mito e intentar revertir y cambiar la percepción que se tiene de Clitemnestra, o, al menos, reflexionar sobre una mujer a la que la larga tradición de los siglos ha congelado en un símbolo negativo durante tanto tiempo.

Lectura social

Según Kambanelis, "el teatro no es mero entretenimiento, sino que, en cada época, se convierte en el espejo de la ética del mundo. Es una conciencia de la realidad" y "el teatro social hace un diagnóstico de las enfermedades de la sociedad y estos diagnósticos son el primer paso necesario para su curación" (Kambanellis 1990: 135). La conciencia social y política contemporánea de Kambanelis se deja ver en el trasfondo antibélico y feminista que cubre toda la obra. Respecto a la guerra, Kambanelis vivió en tiempos convulsos política y socialmente hablando, como se puede ver en la introducción de la presente edición. Su experiencia en el campo de concentración, la Segunda Guerra Mundial y la dictadura de los Coroneles, entre otros, lo condujeron a desarrollar una posición antibelicista que en muchísimas de sus obras teje el telón de fondo o es el tema en cuestión. En este caso, se apoya en la guerra de Troya para condenar los asesinatos, injustos y, otros, quizá no tan injustos, que conlleva una guerra. Porque, a pesar de que se defiende a Clitemnestra en la medida en que se pretende que empaticemos con ella, esta –y, por ende, Kambanelis– es consciente de la maldición que esto supone e insta a Orestes y a Electra a que se liberen de las tragedias familiares heredadas, a dejar de asesinar y a vivir en paz.

Como se ha mencionado antes, a Kambanelis no le interesan las historias particulares ni los casos especiales, sino los asuntos generales que afectan a todos (Kambanellis 1990: 35). *Carta a Orestes* no debe leerse como una historia especial, aunque dé esa sensación por estar revestida de un mito en particular con nombres propios y bien conocidos, sino que debe leerse e interpretarse más allá, como la historia de una mujer incomprendida que cometió asesinato en defensa propia, puesto que se vio obligada a ejecutar para no ser ejecutada, no como venganza a Agamenón por el continuo maltrato en todas sus formas, por la violación o incluso por haber matado a su hija. Es el relato de una mujer que se rebela contra los designios masculinos impuestos sobre su género, que se hace valer y se protege atacando. De hecho, el nombre de Clitemnestra solo se menciona dos veces a lo largo de todo el texto y, en concreto, en las acotaciones, por lo que el espectador nunca escucha el nombre de la protagonista, un nombre que, en la memoria colectiva, connota adjetivos como el de vengativa, justiciera y terrible[13], quizá para evitar la predisposición del espectador a recurrir al prejuicio mantenido a lo largo de los siglos y que así sea más fácil poder entender a Clitemnestra y reparar su imagen o, al menos, empatizar con ella. El título bien podría haber sido "Carta de Clitemnestra", pero es el receptor de la carta quien aparece en el título[14], Orestes,

---

[13] Para una comparativa entre los mitos de Medea y Clitemnestra como mujeres rebeldes y activas y, en concreto, para Clitemnestra *vid.* Esteban Santos 2005: 63-93.

[14] De hecho, es curioso que en la crítica que Georgousopoulos publicó en el periódico *Ta Néa* (Georgousopoulos 1993) de la primera representación de *Carta a Orestes*, titula a la obra "Γράμμα της Κλυταιμνήστρας", es decir, «Carta de

un nombre propio común entre los griegos. Además, el diálogo de la protagonista y las referencias que hace son de rabiosa actualidad, incluso a veces rozando los anacronismos, por lo que está claro que, a pesar de llamarse Clitemnestra, no es la Clitemnestra de las tragedias, sino una mujer contemporánea. De esta manera, la actriz, que "lleva un café y un cigarro", podría ser cualquier mujer. Es al final de la obra cuando *"la actriz que interpretará a Clitemnestra"* toma la forma de personaje mitológico, al entrar en escena Electra y Orestes. Es en este momento cuando cobra su dimensión mitológica y volvemos al mito de los tres tragediógrafos con la muerte de Clitemnestra a manos de sus hijos.

A este respecto, es evidente el carácter feminista de la versión de Kambanelis. El mito se elabora desde una perspectiva personal de Clitemnestra y otra contemporánea y feminista, que revela a una mujer subyugada en su totalidad por su marido, en representación de todas las mujeres, a las que "solo dejan elegir el vestido de novia". Clitemnestra no es la mujer vengativa de las tragedias antiguas, sino una mujer que se vio obligada por las circunstancias a cometer homicidio, consciente de que la mejor defensa era un ataque. Esta se queja de la tiranía que ejercía Agamenón en su vida, siempre supeditada y con la voz limitada –"sobre esos asuntos una mujer no está en posición de opinar"– y reivindica de alguna forma el amor verdadero e igualitario, el amor que cuida, en comparación al amor bruto, salvaje, tiránico, posesivo y altivo de su esposo. Clitemnestra se siente utilizada como útero para la continuación de la familia de los Atridas, para obtener un descendiente varón que perpetuara la estirpe de los Atridas: "Muy bien, ¿eh? Por fin lo ha conseguido". Es una mujer sedienta de amor, de un compañero igual, cuidador, sensible, empático y sabio: Egisto.

Clitemnestra».

En cuanto a la hija de Clitemnestra, se muestra a una Electra que intenta eliminar cualquier atisbo de feminidad por culpa del rechazo que le generaba en su padre, Agamenón, el hecho de que hubiera nacido niña: "Qué pena. Si fueras hombre[15], te dejaría a ti a cargo de Micenas". Culpa y odia a Clitemnestra por haberla parido mujer, sobre lo que Clitemnestra se atreve a decir algo muy esclarecedor: "Quiere vengarse del género femenino, no vengar a su padre…". Es el odio de una mujer hacia las mujeres; el rechazo a su propio género y la admiración al masculino, representados por Clitemnestra y Agamenón, respectivamente.

Cuestiones sobre la presente traducción

Es frecuente el uso indistinto de los términos "traducción", "versión", "adaptación" o "adaptación libre" –entre otros de nueva propuesta– a la hora de hacer referencia a una traducción teatral (Braga Riera 2011: 61). El término "traducción" intuye una mayor cercanía al original. En este sentido, hemos de aclarar que la recogida en la presente edición es una traducción, puesto que no se ha versionado o adaptado la obra original de ninguna manera.

Así, nuestra traducción, es decir, el texto meta, se acerca más al original y ofrece, por lo tanto, una traducción base transparente sobre la que, con vista en futuras representaciones, se pueda trabajar el texto y, quizá, si resulta necesario, adaptarlo o versionarlo de manera total o parcial, tras el permiso obligatorio de la editorial del presente libro y la traductora. No se transpone el texto original pensando en una puesta en escena en concreto, más allá de la propuesta por el autor mediante las acotaciones. De esta manera, se pretende ofrecer a posibles directores el texto en su forma más

---

[15] En el original, y en relación con lo dicho anteriormente, "ἄντρας" (hombre).

fiel al original y, al mismo tiempo, ofrecernos a lo denominado por Mountjoy como "devised translation"[16], es decir, como puente para futuras versiones o adaptaciones de directores sin conocimientos de la lengua griega.

No nos desvinculamos del texto, de su forma, contenido y elementos culturales, sino que los reflejamos y acercamos al lector hispanohablante bajo la perspectiva de una obra dramática que refleja la perspectiva griega de Kambanelis. Si bien no es una adecuación lingüística y cultural de la obra original, ni una traducción pensada *a priori* para una representación teatral en concreto, sí que se ha atendido a la dimensión oral o interpretativa del texto, en tanto que la traducción teatral engloba la dimensión textual y la potencial escénica. Se ha perseguido hacer el texto fluido y, por supuesto, lo más natural posible en español.

Como cabe esperar desde la perspectiva de la traductología, para la traducción de *Carta a Orestes* ha sido fundamental el respeto del texto original, sus circunstancias –lingüísticas, textuales, culturales y pragmáticas– y las que posiblemente tendrían vertidas al español. Dado que la mitología griega es uno de los pilares de la cultura occidental, resultaría innecesario, y contrario a nuestro objetivo, adaptar o versionar la pieza original a la cultura de la lengua española. En un ejercicio de traducción en el que no se subestima al lector hispanohablante, se pretende verter el texto tal y como muestra el dramaturgo. Consideramos que los comentarios al final son suficientes para que el lector hispanófono pueda conocer un par de detalles concretos de la cultura griega que posiblemente le pasarían desapercibidos.

---

[16] *Devised translation* o "colaboración estrecha entre el primer traductor y el encargado de llevar el texto al escenario, o, incluso, los actores", en Braga Riera 2011: 63.

Como se ha dicho antes, se ha emprendido la traducción de la obra teniendo en cuenta a los espectadores hispanohablantes y, en concreto, que no se trata de un texto cuya finalidad sea la lectura, sino la representación, puesto que Kambanelis creaba sus obras teatrales atendiendo a la dimensión teatral de estas. Por este motivo, se han incluido en *Carta a Orestes* adaptaciones culturales que despiertan lo mismo que pretenden suscitar sus respectivos originales. Por ejemplo, cuando Clitemnestra habla con cariño y nostalgia de la infancia de Orestes, menciona al ratoncito que se lleva el diente que se le había caído: "se lo come y trae el otro". Si se mantuviera la referencia, en la que se pretende explicar que el ratoncito se come el diente y esto provoca que al niño le crezca el nuevo, el espectador hispanófono quedaría un tanto extrañado, por lo que se ha adaptado y generalizado a: "para que se lo diéramos al ratoncito y nos trajera algo a cambio…".

Como apunte sobre la transliteración del griego moderno al español, cabe destacar que, para la elaboración de la presente edición, y salvo aquellas excepciones que se encuentran completamente acuñadas, las transcripciones de sustantivos y nombres propios neohelénicos se han realizado atendiendo a la normativa establecida por el Centro de Estudios Bizantinos, Neogriegos y Chipriotas de Granada.

Por último, Károlos Koun, cuando habla de la literatura griega hacia otras lenguas, y, en concreto, de una obra de Kambanelis al ruso, dice:

(…) Por esta misma razón me parece difícil la traducción de escritores griegos contemporáneos. Son muy vivos, tienen mucho contenido, y su transferencia a una lengua extranjera no les hará justicia. (…) Me resultaría difícil que me gustara en una lengua extranjera. El teatro de Kambanelis es griego por excelencia, es un

teatro que nos hace pensar sobre nuestros problemas o que los re-
salta de forma clara, proyectándolos a través de fuertes imágenes
griegas, dentro de un mundo en el que sus estímulos nos tocan y
nos conmueven (Koun 1990: 187-188).

Con la intención de haber conseguido hacer justicia al dramaturgo griego en español, esperamos que disfruten de la traducción de
Carta a Orestes, una obra atrevida y adelantada a su tiempo, como un
pequeño ejemplo de la cosmovisión y el ingenio teatral de Kambanelis, un escritor ciertamente anticipado a su época.

CARTA A ORESTES

Cada representación, como todos sabemos, es un convincente «suponer». Creo que, en una representación de este monólogo, este «suponer», y, además, acrecentado, es un requisito imprescindible.

Por eso, propongo que la escena se presente como si fuera un ensayo. Las pocas cosas que se necesiten, que sean las provisionales sin relación ninguna que utilizamos en los ensayos. Solo la puerta en el fondo deberá ser más concreta.

Entra en escena la actriz que interpretará a Clitemnestra. Lleva un café y un cigarro y se acerca a una caja de madera grande que utilizará como mesa. Encima de esta, hay un candelabro, un cenicero, lápices y bastantes hojas escritas, en blanco, arrugadas y lisas. Coge unas cuantas hojas y las coloca en el suelo, como si supuestamente las hubiera esparcido por delante y por un lado de la mesa. Prende la vela, se sienta en un taburete y apaga el cigarro. Coge una de las hojas arrugadas y empieza a leer despacio y con voz clara, como para cerciorarse de que lo que ha escrito está bien formulado.

Orestes, querido hijo mío:

Sé que mis días están contados y tiemblo al ver que no llegas. No es solo mi ansia por verte, aunque sea por última vez, lo que me ha tenido pegada a la ventana que da a la calle. Es más el miedo de que puede que llegues cuando ya sea demasiado tarde, de que puede que escuches solo por los demás cómo pasó todo lo que pasó, y nunca por mí. Pero, ¿quién puede saber más de mí que yo misma? Yo hice lo que nadie se podría haber imaginado nunca, yo me vi obligada a matar...

(Para de leer, coge un lápiz y escribe).

Qué fácil es para los demás que quieran...

(Para de escribir y continúa diciendo lo que tiene que decir dejándose llevar cada vez más por lo que siente).

...que creas solo lo que te dicen ellos mismos. Y qué fácil será cuando yo ya no pueda hablar. Qué difícil es mi situación, Orestes. Yo soy vuestra madre. Que no se te pase por la cabeza en absoluto que intento ponerte de mi parte. Sois ambos hijos míos, ¡eres mi Orestes! Y tu hermana, da igual lo que haya hecho, ¡es mi Electra!

¿Por dónde andas, Orestes? ¿Por qué tardas...? Si llegaras rápido, estarías a tiempo, a ti te escucharía... La separarías de los canallas que la acechan y se aprovechan de la pasión que le profesa a su padre. ¿Sabes qué le dijo el día que partió hacia Troya, fuera, en el patio, delante de todo el mundo, vestido con su gran túnica y montado en su caballo? «Qué pena. Si fueras hombre, te dejaría a ti a cargo de Micenas». ¡Y desde entonces se ha empecinado en demostrarle que es capaz de hacerlo...! Odiaba de muerte a Egisto incluso antes de verlo... organizó tu secuestro en Fócida, porque dice que Egisto y yo queríamos matarte a ti también… va de plaza en plaza hablando de venganza, me acusa de corrupta, pervertida, sedienta de poder y sanguinaria.

No me preocupa mi vida, Orestes. No ruego por que vengas rápido para que no me mate. Me preocupa Electra. Sé qué significa mancharte las manos de sangre, tuve que pasar por eso también. Si se mancha las manos con la sangre de su madre, corromperá su alma para siempre.

(Cree haber escuchado un ruido. Se inquieta, apaga la vela, se vuelve hacia la puerta, presta atención. No escucha nada, pero, sofocada por la agitación, enciende la vela y continúa).

Es lo único por lo que me asusta cada murmullo que escucho en el pasillo, no para protegerme. Tres veces le rogué que viniera para que habláramos. No vino. Le escribí. Envió de vuelta la carta sin haberla abierto. Ahora ruego por que me mate otro, no ella. La carta que quiero que leas la acabaré esta noche. Vendrá tu nodriza sobre las tres para dársela a escondidas por la ventana o la esconderé en el suelo, bajo una de las tablas, para que la encuentre ahí…

Tengo mucho amor todavía dentro de mí, Orestes, y es absurdo que no me importe nada mi vida. Os quiero a vosotros, quiero a Egisto, me gustaría vivir para quereros, pero no me lo permitirán. ¿Acaso alguna vez me lo permitieron? En realidad, me despedí de mi vida el primer día que llegué a Micenas, pero esto nadie más lo sabía, porque no dejé que se percatara nadie, era mi secreto fatídico. Igual de bien sé ahora que ha llegado el fin. Se vio, además, desde el momento en que tu padre volvió de Troya igual que cuando se fue, idéntico. ¡La misma persona que me despojó incluso de mi maternidad…!

¿Dónde estás, Orestes?

¿¡Por qué tengo que escribirlo, en vez de decírtelo!?

He enviado hasta ahora a siete hombres en tu búsqueda.
¿Adónde has ido?

(Intenta ordenar las hojas esparcidas por encima de la caja).

Pero tengo que escribirlo y, además, darme prisa. Y no es tan fácil como parece. ¿Ves? Como ahora, que hablo y hablo y todavía no te he dicho nada. Divago, cuando debería narrarte hechos. Eso haré de aquí en adelante, te lo prometo. Pero, te lo ruego, hijo mío, antes de leerlo, piensa —no para que seas indulgente, sino para que juzgues mejor—, piensa que esto lo confiesa alguien que está más allá de autoengaños, egolatrías y vanidades. Esta noche en concreto me siento muy distante, pienso en todo lo que pasó y me parece mentira que quepa tanto en la nada, como es la vida humana...

(Coge de nuevo el lápiz y escribe pronunciando con vehemencia cada palabra).

A tu padre, Orestes, no lo elegí yo por marido.

(Vuelve a dejar el lápiz).

A nosotras, las mujeres, solo nos dejan elegir el vestido de novia, no nuestra vida. Fui entregada a Agamenón. Y, como él iba a ser mi marido, hice, tonta de mí, todo lo posible por que nos quisiéramos, por tener una casa bonita, alegre; quería admirarlo. Pero tu padre era una persona inaccesible, perdido en un egoísmo insaciable y muy oscuro. Hiciera lo que hiciese para complacerlo, nunca recibía ni una palabra de agradecimiento. Él me veía como una deudora que pagaba su deuda. Cuando veía que no ocurría lo que él quería, incluso si era algo imposible por naturaleza, rabiaba, castigaba con golpes, sospechaba que intentaban humillarlo. Al ver que nuestra primera criatura fue una niña, y no un niño, como él esperaba, se marchó de Micenas para no verla y volvió meses después. Cuando nos encontramos en el jardín por completo azar, yo llevaba a la niña en brazos, se acercó, la miró como si fuera un fenómeno extraño y dijo: «Me habéis decepcionado, tú y eso»...

De esta forma premonitoria comenzó la vida de Electra. Cuando empezó a crecer y a entender, las únicas palabras cariñosas que escuchaba de su boca eran «cuánto la querría si fuera niño». Electra se enroscaba en sus piernas, lo miraba suplicante, ansiaba que la acogiera entre sus brazos y la abrazara fuerte. Él, nada... y mientras que mi niña mendigaba su amor, parecía que él disfrutaba apartándola, viéndola esconderse detrás de las puertas y llorar. Así, poco a poco, en su cabeza infantil se forjó la idea de que yo, que la parí niña, tengo la culpa. Empezó a evitarme. Después, a estudiarme con la mirada, como si pretendiera entender quién soy, qué soy. Alargaba los brazos para cogerla, para acariciarla, y ella se echaba hacia atrás asustada, como si hubiera hecho ademán de pegarle. Mientras yo, que la adoraba y se lo mostraba cada día, la perdía, él, con su rechazo, se la ganaba. Se acabó convirtiendo en una obsesión para ambos: el padre mostraba cada vez más su aversión y la hija su devoción. Me sentía tan sola, tan extraña...

Tu padre, y no lo juzgo por ello, buscando el hijo que no le daba, volvió. Los nueve meses que estuve embarazada no hacía más que rezar por que fuera niño. Cuando, de nuevo, parí una niña, maldije la hora en que arraigó dentro de mí la semilla que la creó. Soy madre y no debería haber cometido ese pecado tan grave. Me arrepentí mucho, lloré y no he parado de hacerlo. Y me siento culpable, Orestes. Puede que la culpa de la desgracia de Ifigenia la tenga mi blasfemia. Quién sabe... Pero, aun así, no fui yo quien sacrificó a nuestra Ifigenia de esa forma tan despiadada, tan fría.

La vida en casa empeoró incluso más. Tu padre se alejó por completo de nosotras. Si no hubiera sido porque escuchaba su voz a lo lejos, no habría sabido de su existencia. Y seguro que cavilaba cómo deshacerse de mí y casarse con otra –que ojalá lo hubiera hecho–. Pero, por desgracia, no se atrevió, porque pensaría que romper los lazos con mi familia debilitaría su posición en la alianza. Las chicas, Orestes, se casan para amar y ser amadas, para ser compañeras, madres. Los hombres se casan para dominar...

A mi Ifigenia la crié en una soledad tan aterradora que ni Dios se la condenaría a nadie. Ni siquiera Electra, imitando a su padre, por supuesto, venía a ver a su hermana. Y un día que la vio en el patio sola, siendo un bebé, le llenó la boca de tierra. Si no hubiera sido por la nodriza, que estaba cerca y corrió, la habríamos encontrado ahogada...

Orestes, cariño mío, no te tomes a mal lo que te cuento sobre Electra. Que no vaya tu mente a pensar que intento retratarla como un monstruo ya desde niña. Nuestro drama es que, aunque nadie nos parió monstruos, actuamos de manera monstruosa. Y lo que quiero que entiendas bien es que no perdí solo a Ifigenia por su culpa, sino también a Electra. Él la hizo avergonzarse de ser niña, que se odiara a sí misma y a mí. ¿Sabes que no derramó ni una lágrima por el sacrificio de Ifigenia...? Claramente, para que no pareciera que le llevaba la contraria a su padre... Si fuera hombre, ni siquiera se habría propuesto ahora matarme como objetivo vital. Quiere vengarse del género femenino, no vengar a su padre...

(Cree de nuevo haber escuchado un ruido al otro lado de la puerta. Va hacia allí, escucha con atención, otra cosa le pasa por la mente y pregunta con voz ahogada).

¿Orestes...? ¿Orestes...?

(Comprueba que no hay nadie fuera. Se vuelve y empieza a hablar dirigiéndose con lentitud al frente, donde se supone que hay una ventana).

Oh, Dios mío, si tan solo abrieras la puerta, aparecieras, previnieras el error que va a cometer y le dijeras que tú no lo harías nunca… nunca… Está tan bonito todo fuera, hay una luna enorme… Habíamos ido Egisto y yo a robar uvas… ¿el año pasado, quizá?

(Va rápido a la mesa y retoma la lectura).

Y después llegó tu turno, Orestes. Ay, mi niño, no me pega hablar así, no lo había hecho antes, pero debo hacerlo, debo contarte con exactitud cómo ocurrió sin ocultar ni alterar nada… Se había emborrachado, como de costumbre, pero, esta vez… no sabía ni dónde, ni con quién estaba. Noté cómo se arrastraba sobre mí mientras dormía, murmuraba el nombre de una tal Jaritula y obscenidades varias. Su aliento era insoportable, olía a vino y comida y me entraron ganas de vomitar. Lo empujé para zafarme, para huir, pero no me dio tiempo y me agarró. Empezó a decir guarradas nunca oídas, a golpearme. Me tiró a la cama y se abalanzó como un búfalo encima de mí. Le hinqué las uñas en el cuello; si hubiera tenido la fuerza suficiente, lo habría ahogado. Enfureció y me golpeó tan fuerte que me dejó inconsciente. Cuando recobré el sentido ya se había ido, tras haberme violado, y, según él creía, no a mí, sino a Jaritula, pues se pensaba que era ella. Esa fue la última vez que vino. Y el último recuerdo de nuestro matrimonio, el hedor a vino y a sudor. Al día siguiente, fui a contárselo para que lo supiera. Si no, de quedarme embarazada, habría sido capaz de decir que era de otro. Solo respondió que lo tendría en cuenta.

De esta forma tan extraña viniste al mundo, hijo mío, mi única alegría. ¿No es un disparate la vida? Fíjate, como ahora, que te llamo «mi única alegría» y, sin embargo, puede que haya hecho algo que ninguna otra madre habría hecho a su hijo. Puede que, con tanto relato asqueroso y espeluznante que te he contado, haya envenenado sin remedio tu alma inocente. Puede que me lo haya jugado todo y perdido todo, que lo detestes a él y a mí. Pero estoy

desesperada. No tengo otra manera de defenderme, y esto única-
mente para no perderte a ti también. Te perderé, Orestes, si no te
cuento toda la verdad, si no conoces lo que requiere un hijo, qué dio
él, qué di yo. Eres mi sangre, mi leche, mi dolor, mi alegría, noches
en vela, nanas, una caricia del cielo...

No diría todo esto, que, además, toda madre vive y siente —y es
natural y sagrado que así sea—, si no me lo hubiera arrebatado todo
su egoísmo masculino. ¡Y no solo el suyo! ¿Sabes qué escuché decir
a sus hombres cuando invité a Egisto a Micenas...? «Salvad al hijo
de Agamenón, quitadle a Orestes, esa arpía lo matará».

«Al hijo de Agamenón». Y te cogieron, con Electra a la cabeza,
para que no te matara, yo... Yo también soy responsable, Orestes,
también cometí errores. Tardé mucho en comprender que resultó
nefasto ocultar la verdad. No lo hagas nunca. Creemos que, si la de-
jamos tranquila, también nos dejará tranquilos... ¡Qué equivocada
estaba! Si lo hubiera sabido, no habría fingido ante todos ser una
madre y una esposa feliz para no mancillar al hombre, al líder, al hogar, a la estirpe. Si me hubiera atrevido a marcharme, no nos habríamos convertido en una casa en la que se matan el uno al otro. No
sabía lo que gestaba la verdad al ocultarla y la dejé engendrar todo
cuanto ocurrió después. ¡Por eso te lo cuento todo, hijo mío, y algunas cosas, con crudeza! Perdóname... Pero, si lo volviera a hacer,
sería como dejarte en herencia un silencio que alimenta serpientes.

¡Naciste de noche...! Además, llovía a cántaros y todos decían
que el niño traería buena suerte... Él estaba tan feliz de tener un
hijo —aunque nunca más que yo— que cambió un tanto, me trataba
con más humanidad. Cuando quería verte, ordenaba que te llevara
yo misma a su habitación. Cuando era él quien venía a nosotros, se
asomaba por encima de la cuna y decía: «Muy bien, ¿eh? Por fin lo
ha conseguido». A mí, aunque fuera solo eso, irónico y ambiguo,

me bastaba para darme por contenta. Me había vuelto tan complaciente. Solo me importaba que por fin era un buen padre, aunque lo fuera solo con uno de nuestros hijos.

Tus hermanas ya habían empezado las clases. Electra, de hecho, dejaba impresionados a sus maestros. Aprendía en un día lo que los otros niños en diez. Cuando se construía la puerta nueva, iba todo el rato a ver, pedía a los obreros cincel y martillo porque ella también quería tallar. Al final, le dieron. Una vez, fabricó ella sola con una fila de cañas un reloj de sol. Y aún no había cumplido los diez años. Sí… Ifigenia tenía tres años menos, mi tesoro era buena solo en música. Ambas, Orestes, te querían mucho, las tenías locas. Pero lo que parecía mostrar Electra cuando te abrazaba era algo más que amor. ¿Adivinas qué? En cuanto creciste lo suficiente como para que pudiera cogerte de la mano y llevarte de paseo, buscaba dónde estaba vuestro padre para pasar cerca y que os viera. Era como si le dijera: «Mira, ya tienes un hijo, así que no te enfades más porque yo sea una chica». Dudo que tu padre acabara dándose cuenta de esto… Pese a todo, pasamos entonces unos años tranquilos, los mejores, quizá, y por eso fueron pocos.

Cuando cumpliste los cinco —¿te acuerdas?—, se hizo cargo de tu educación. Dijo que quería formar él mismo a su hijo. Sabes mejor que yo que apenas se ocupó. Se limitaba a dar instrucciones a tus educadores. Tú, sin embargo, mi niño, te escapabas a escondidas y venías a decirme que te dolía la barriguita para no ir a clase o me traías el diente que se te había caído para que se lo diéramos al ratoncito y nos trajera algo a cambio. Tenía a Ifigenia también, claro. Orestes, a todos os quiero por igual, pero, por cómo se dio todo, solo Ifigenia me llenó, solo pude disfrutar de ella. ¡De Ifigenia! Figúrate… Qué dulce era, qué bella y qué mentirosa, Dios mío. Qué mentiras se inventaba para hacerme creer que todo iba bien…

Y, después, llegó la guerra, en cuanto encontraron el pretexto para empezarla. No soy ya la única que dice cuán inútil e injusta fue; lo dice, en primer lugar, el mal final que tuvieron todos los que la querían... Tenía la esperanza de que quizá volviera cambiado, de que Troya fuera una buena lección por lo menos para los supervivientes. Craso error. Agamenón volvió con aires de triunfador. Llegó a Troya, vio, se marchó, sin haber entendido nada durante esos diez años allí[1].

Al principio, me preguntaba: «¿Y si era teatro? ¿Y si necesita ayuda para salir de su cueva con sus errores y sus autoengaños...?». Pero, cuando me atreví a preguntarle de forma sutil si merecían la pena tantos sacrificios, se puso hecho una furia, gritó que me prohibía volver a sacar ese tema, que «sobre esos asuntos una mujer no está en posición de opinar». ¿Entiendes, Orestes? Me prohibió tener una opinión sobre una guerra que pagué con mi Ifigenia. Pero, cuanto más te la prohíben, más la necesitas... Antes, no tenía una opinión sobre nada. Él mismo me hizo tener una para todo. Y te diré más sobre la gloriosa guerra de estos hombres. Tal era la histeria de estos que, hasta los pobres de Argos, los más castigados y hambrientos del mundo, fueron los primerísimos en armarse, y gritaban día y noche «a Troya, a Troya». Como si les debieran los troyanos todo lo que los argivos les habían quitado.

A mí, sin embargo, lo que más pena me daba eran las madres de Esparta, que acompañaban a sus hijos hasta aquí deseando que volvieran o con caminar victorioso o con los pies por delante...[2] ¿Por qué motivo habrían de morir sus hijos, en vez de ser derrotados? ¿Contra qué enemigo? ¿Dónde vieron al enemigo?

Si hubiera sabido entonces todo lo que sé ahora, habría salido a decirles: «Mujeres, buscad al enemigo en Esparta, yo lo encontré en Micenas». ¿Qué pensarán ahora...? No vayas a pensar que te digo todo esto para presentarme como una buenaza que se preocupa incluso por los extranjeros. No, Orestes... Lo digo única y exclusivamente para repetir que yo nunca he antepuesto nada a la vida de mis hijos. ¿Qué tenía que ver mi útero, mi cordón umbilical, con sus intereses por Troya? He aquí por qué, hasta mi último aliento, no me cabrá en la cabeza el sacrificio de Ifigenia, ni se lo perdonaré jamás, aun estando muerto y más que muerto.

(Se pone de pie tapándose la boca con la mano, asustada ella misma por lo que ha dicho, da dos o tres pasos vacilantes, se arrodilla entre las hojas esparcidas, coge una, absorta, y dice...)

Orestes, ¿te acuerdas...? Una madre tiembla si uno de sus hijos tarda en venir de jugar, si se le inflaman las anginas, si tiene fiebre... Por estas tonterías se asusta. ¿Entiendes qué significa que le arrebaten a su hijo para...? Ya está bien. De todas maneras, mi dolor por Ifigenia no cabe en ningún sitio. Pero, otra cosa quería decir...

(Va a la mesa, revuelve las hojas buscando una en concreto. La encuentra y la lee).

Sí, eso, que como sufro por mí misma, por eso también sufro por los demás. Pero, también, por otra razón, Orestes, porque conocí a Egisto... Él me enseñó a entender a los demás.

Hablemos de mi culpa por Egisto... Cualquiera en Argos te puede asegurar que no fui yo quien lo trajo a Micenas. El pueblo lo quería, Orestes, y el pueblo lo trajo. Pero, para que no pienses que empiezo a justificarme, te digo desde ya que yo era la que más quería que viniera. Desde que lo exilió tu padre, vivía apartado en un lugar solitario en el monte Parnón. Cuantos se habían encontrado con él lo describían como un sabio, un hombre solitario. Cuando le preguntaron qué auguraba la situación que la guerra había creado, respondió: «Troya será el final de Argos».

Y ya era hora de que alguien lo dijera alto y claro. La guerra, que no parecía tener fin, consumía al país. ¿A quién acudirían los argivos, ahora que maldecían la guerra y a Agamenón? Envié a hombres que lo conocían desde hace mucho y le pidieron que volviera. Abandonó su pacífica vida en la montaña y vino a Micenas. Él solo, sin armas, con sus pensamientos, su valentía y su gran corazón como única compañía. Su primera decisión fue acabar con las misiones a Troya, y, su primer enunciado en la asamblea, que regresaría al Parnón cuando la vida en Argos volviera a su cauce y cuando tú, Orestes, cumplieras los dieciocho.

(Coge con ambas manos en un puñado las hojas de la mesa, se levanta... Da unos pasos adelante, de vez en cuando se le caen hojas de las manos).

Hijo mío, es difícil que una mujer lo cuente todo y, más todavía, una madre a su hijo, pero debes saber todo esto por mí misma. Porque si bien el amor es lo más sagrado para la mujer, también es la manera más fácil de denigrarla. Cuando vino Egisto a Micenas, yo tenía treintaiséis años, edad a la que los poetas llaman «el ocaso». Si me hubieran preguntado entonces qué es la vida, habría respondido que es un castigo que todos vivimos y que todos mantenemos en secreto, que desde el origen del mundo los padres no se lo revelan a sus hijos, ni estos a sus propios hijos, y así el castigo, mal llamado vida, continúa. Ignorante de mí. Egisto me hizo cambiar de opinión y ver que la vida no es un camino de rosas cada día, pero tampoco una amargura de por vida necesariamente, y que no es que el destino nos maltrate siempre... nosotros, las personas, también empleamos mal nuestro destino...

¡Electra fue la primera que hizo cuanto pudo para que llegáramos hasta aquí...! Electra, la eterna víctima de su padre.

Así se fraguó por su parte lo que estaba por ocurrir cuando volviera Agamenón. Pero también por nuestra parte, porque fueron muchos los que sugirieron a Egisto que se marchara antes de que regresara tu padre. Dijo: «Si me voy como un ladrón, tendrán razón al llamarme ladrón». Se había empecinado. Tiene un alma tan inocente, Orestes. Acepté lo que decidió de manera fatídica, aunque me daba cuenta de que se equivocaba. Veía muy claro cuál sería el final. Se salvaría quien atacara primero. La decisión la tomé yo, no Egisto. Me vi obligada a tomarla. Daría mi vida por salvar a mi maestro, a mi amor, a mi hombre, a quien yo invité a Micenas y de cuya vida era responsable. No le dije qué decisión había tomado, todo lo hice yo con mis propios confidentes. Egisto se enteró cuando ya había acabado todo. Pero había acabado solo para Agamenón, no para nosotros. En Micenas los otros son siempre más fuertes...

(Camina ensimismada hacia el proscenio, las hojas que sujetaba se deslizan poco a poco de sus manos y acaban esparcidas por el suelo).

Ahora está en su habitación, la del extremo con vistas al mar. Puede que no se haya dormido todavía, se queda a leer hasta tarde, se olvida de comer. Antes de empezar a escribirte, le llevé vino caliente, queso, nueces y pan crujiente, cosas así le gustan. A él le he cogido el papel para la carta... y no quedaban muchas hojas... ¿Crees que me faltarán? Ha estado de más escribirte qué le gusta comer, pero, ya está; si lo borro, voy a ensuciar la página y puede que te preguntes encima qué es lo que he borrado. ¿Qué otra razón, si no...? Sí, hijo mío, amo a Egisto. Si lo hubieras conocido, lo entenderías... Por eso digo que él me hizo renacer, porque me dio luz. Si no se lo impidieran, podría crear un Argos muy distinto, entregarte otra Micenas, limpia y tranquila al fin... No ha ocurrido, ni puede ocurrir ya. Le prometimos a Dios que no se derramaría ni una gota más de sangre. No nos hemos librado. Nos tienen rodeados por todas partes. Nos despedimos del sueño de marchar y vivir en paz en el Parnón. Y esperamos…

(Vuelve a la mesa y escribe. Al mismo tiempo, se abre la puerta sin hacer ruido y aparece Electra, que se hace a un lado para que pase Orestes. Clitemnestra continúa sin sospechar nada).

Estoy acabando, Orestes, he escrito lo que tenía que decirte. Pero… ¡por Dios, no te dejes llevar tú también por los errores de tu abuelo y de tu padre![3] Libérate, Orestes. Es más, hijo mío, salva a nuestra Electra, tu hermana no tiene la culpa. Haya lo que haya hecho, perdónala. Léele mi carta y explícale que nunca, pero nunca…

(Orestes se ha acercado a ella y, como si sostuviera un cuchillo entre sus manos, se prepara para clavárselo. Las luces se apagan en su último movimiento).

FIN

COMENTARIOS

[1] En el original, «Πῆγε στήν Τροία, εἶδε, ἔφυγε». En primer lugar, esta oración bien pudiera ser una referencia a la famosa frase trimembre «veni, vidi, vici», atribuida a Julio César a través de la obra de Suetonio y Plutarco, en un uso irónico de esta, para dar a entender al lector el carácter pírrico de la victoria que obtuvo Agamenón en la guerra contra Troya, por la que sacrificó todo –incluso a su hija Ifigenia– para ganar a toda costa. En segundo lugar, también pudiera recordar a «Ὁ κόσμος σκηνή, ὁ βίος πάροδος· ἦλθες, εἶδες, ἀπῆλθες», atribuida a (Pseudo) Demócrito. Para saber más sobre esta atribución a (Pseudo) Demócrito, vid. Πούχνερ, Β., «Οι τύχες της θεατρικής ορολογίας της αρχαιότητας στην ελληνική παράδοση». En: Παράβασις: Επιστημονικό περιοδικό Τμήματος Θεατρικών Σπουδών. Universidad Nacional y Kapodistríaca de Atenas, tomo 7, 2006, págs. 230-231. Dicha cita puede traducirse como «El mundo es un escenario y la vida, teatro; llegaste, viste, marchaste», donde la palabra «πάροδος» significa «camino» y también sirve para denominar la entrada lateral en el teatro griego antiguo que daba paso a los actores y al coro a la zona de la orquesta, es decir, el paso a la escena y, por sinécdoque, la representación, el teatro. Esta celebérrima metáfora –theatrum mundi–, le será más familiar al lector en palabras del personaje shakesperiano de Jaime, en su comedia Como gustéis, cuando expone las siete edades del humano: «El mundo es un gran teatro, y los hombres y mujeres son actores. Todos hacen sus entradas y sus mutis y diversos papeles en su vida». (Traducción de Ángel-Luis Pujante consultada en su edición de Teatro selecto por Espasa Clásicos, 2008). En este sentido, mediante esta alusión, Kambanelis pudiera estar expresando el posible carácter teatral del comportamiento de Agamenón, lo que parece venir a confirmarse justo al comienzo del párrafo siguiente, cuando Clitemnestra se pregunta si era teatro, es decir, si Agamenón estaba actuando, es decir, fingiendo.

[2] En el original, «ἤ τὰν ἤ ἐπὶ τᾶς», es decir, «o con este o sobre este», en referencia al escudo, con el sentido de que era mejor morir de forma gloriosa que volver como perdedor o cobarde. Plutarco lo recoge en la página 157 de sus *Apotegmas* de los lacedemonios: «Los antiguos llevaban sobre el Escudo los muertos. Una madre dixo á su hijo al darle sus armas: "Vuelve con este Escudo ó sobre este Escudo"». (Traducción del francés al castellano por Enrique Ataide y Portugal, 1803. Disponible en línea en el Depósito de Investigación de la Universidad de Sevilla).

[3] En cuanto a los errores del padre, es decir, de Agamenón, es evidente que se refiere al sacrificio de Ifigenia. Respecto al abuelo, creemos conveniente aclarar, ya que se trata de un aspecto más alejado del mismo mito de la casa de los Atridas, tal y como se explica en esta edición anteriormente, que se refiere al abuelo de Orestes, es decir, a Atreo, quien da nombre a la estirpe. Atreo, padre de Agamenón y Menelao, mató y cocinó a los hijos de su hermano Tiestes, quien se los comió y, al darse cuenta, vomitó por el horror de haberse comido a su descendencia. A su vez, Tántalo, el padre de Atreo y Tiestes –y bisabuelo de Orestes–, ya había actuado de forma similar cocinando a su propio hijo y ofreciéndolo en banquete a los dioses, quienes no llegaron a probar bocado –excepto Deméter, que no se percató– y lo devolvieron a la vida.

Bibliografía

AAVV (1994), *Ιάκωβος Καμπανέλλης*, Atenas, Ayuntamiento de Zografou, Pnevmatikó Kentro.

BRAGA RIERA, Jorge (2011), «¿Traducción, adaptación o versión?: mare-mágnum terminológico en el ámbito de la traducción dramática», *Estudios de Traducción* 1, pp. 61-63.

[DELVEROUDI] Δελβερούδη, Ελίζα-Άννα (1994), «Ο Ιάκωβος Καμπανέλλης και ο ελληνικός κινηματογράφος», *Ariadni* 7.

[DIMITROULIA] Δημητρούλια, Τιτίκα, (oct..-dic. 2007), «Ελληνική στρατοπεδική λογοτεχνία: το *Μαουτχάουζεν* του Ιάκωβου Καμπανέλλη», *Nea Paideia* 124.

ESQUILO (2017²), Tragedias (trad. E. Á. Ramos Jurado), Madrid, Alianza editorial.

ESTEBAN SANTOS, A. (2005), Mujeres terribles (Heroínas de la mitología griega), en Cuadernos de Filología Clásica (Estudios griegos e indoeuropeos), UCM, n.º 15, pp. 63-93. ISSN: 1131-9070.

EURÍPIDES, (2019²), Ifigenia en Áulide, Electra, Orestes, trad. Luis M. Macía Aparicio, Madrid, Alianza editorial.

[GEORGAKAKI] Γεωργακάκη, Κωνστάντζα (2015), *Βίος και πολιτεία μιας γηραιάς κυρίας στην Επταετία: Επιθεώρηση και δικτατορία (1967-1974)*, Atenas, Ed. Ziti.

[GEORGOUSOPOULOS] Γεωργουσόπουλος, Κ., «Μετά την τραγωδία». *Τα Νέα*, (05/04/1993), también en Καμπανέλλης, Ι., *Θέατρο*, tomo 6, Atenas, Kedros, 2011⁵, pp. 229-230.

[GRAMMATÁS] Γραμματάς, Θεόδωρος (1994), «Διαδικασίες μεταλλαγής του αρχαιοελληνικού μύθου στα μονόπρακτα του *Ο δείπνος*», στο *Καμπανέλλης, Theatro* 6.

—, (2000), «Ερρίκος Ίψεν-Ιάκωβος Καμπανέλλης. Βρικόλακες-Στη χώρα Ίψεν» en Z. Siaflekis – Rania Polikandrioti (eds.), *Identity and Alterity in Literature, 18th-20th C.*, Atenas, *Domos* 2.

—, (2011⁵), *Μύθος και διακειμενικότητα στη δραματουργία του Ιάκωβου Καμπανέλλη*, en Καμπανελλης, Ι., *Θέατρο* 6, Atenas, ed. Kedros.

[KALAMARÁS] Καλαμαράς, Βασίλης (6/11/2022), «Καμπανέλλης. Το νεανικό πρώτο του θεατρικό έργο, *Χορός πάνω στα στάχυα* (1950)», diario ateniense *Rizospastis*.

[KALOKIRI] Καλοκύρη, Ιωάννα (2023), *Το Μαουτχάουζεν του Ιάκωβου Καμπανέλλη και η Μπαλάντα του Μαουτχάουζεν του Μίκη Θεοδωράκη. Ζητήματα μνήμης της εβραϊκής γενοκτονίας* (https://apothesis.eap.gr/archive/item/179001?lang=el).

[KAMBANELLIS] Καμπανέλλης, Ιάκωβος (1990), *Ἀπό σκηνῆς και ἀπό πλατείας*, Atenas, ed. Kastaniotis, pp. 184-188.

—, (1994 y 2011⁵), *Θέατρο*. «Γράμμα στον Ορέστη», «Ο Δείπνος», «Πάροδος Θηβών», «Στη Χώρα Ίψεν», «Ο διάλογος», «Ποιος ήταν ο κύριος...;», «Ο Κανείς και οι Κύκλωπες», Atenas, Kedros, t. 6.

—, (1997), Notas del escritor al programa de la representación *Ο δείπνος* (Nea Skiní-Teatro Nacional) [http://www.nt-archive.gr/playMaterial.aspx?playID=303].

—, (2020), *Ἄκουσε τη φωνή μου κι έλα. Τραγούδια και ποιήματα του Ιάκωβου Καμπανέλλη* (eds. Th. Foskarinis – Kat. Kambaneli), Atenas, ed. Kedros.

[KAPSOMENOS], Καψωμένος, Ερατοσθένης (1999³), *Δημοτικό Τραγούδι. Μια διαφορετική προσέγγιση*, Atenas, Patakis.

[KOUN] Κουν, Κάρολος (1990), «Ένας ανανεωτής της Ελληνικής θεατρικής γραφής», en Καμπανέλλης, Ι., *Ἀπό σκηνῆς καί ἀπό πλατείας, Atenas*, ed. Kastaniotis, pp. 184-188.

[LADOGIANNI] Λαδογιάννη, Γεωργία (2005), «Το θέατρο του Ιάκωβου Καμπανέλλη. Μια περιδιάβαση και μια ανάγνωση του τρίπτυχου *Ο Δείπνος*», en *Δωδώνη* 34, pp. 214.

LIAPIS, V (2014), Iakovos Kambanellis' The Supper: Heterotopia, Intertextuality and Metatheater in a Modern Tragic Trilogy, en *Gramma: Journal of Theory and Criticism* 22, pp. 123-141.

[PANOUSIS] Πανούσης, Ι. Α. (2017-2018), «Κλυταιμνήστρας δικαίωση (;): από την Ηλέκτρα του Σοφοκλή στο ανεπίδοτο Γράμμα του Ιάκωβου Καμπανέλλη», en Παρουσία Α΄ ΚΑ, pp. 247-268.

[PAPANDREOU] Παπανδρέου, Νικηφόρος (2011⁵), «Ο μύθος των Ατρειδών στο νεότερο θέατρο», en Καμπανέλλης, Ι., Θέατρο, op. cit., pp. 11

[PAPATHANASIOU] Παπαθανασίου, Σίσσυ (ed.) (2022), Ιάκωβος Καμπανέλλης 1921-2011. Ο Ανανεωτής της Νεοελληνικής Δραματουργίας. Iakovos Kambanellis 1921-2011. The Innovative Greek Playwright, Atenas, Ministerio de Cultura - G. Kostópulos Artes Gráficas.

[PARIDIS] Παρίδης, Χρήστος (2022), «Ήμουν εκεί: Στην παράσταση Η γειτονιά των αγγέλων» (https://www.lifo.gr/arxeio/imoyn-ekei-stin-parastasi-i-geitonia-ton-aggelon).

[PEFANIS] Πεφάνης, Γ., (2022), «Ο γενέθλιος τόπος, το στρατόπεδο και η λειτουργία της μνήμης στην Καμπανελλική σκηνή», en su libro Οι Μυκήνες δεν ήταν το παν, Atenas, Kapa Ekdotikí.

—, «Χρονολόγιο Ιάκωβου Καμπανέλλη» (https://www.academia.edu/40149131/_%CE%A7%CF%81%CE%BF%CE%BD%CE%BF%CE%BB%CF%8C%CE%B3%CE%B9%CE%BF_%CE%99%CE%AC%CE%BA%CF%89%CE%B2%CE%BF%CF%85_%CE%9A%CE%B1%CE%BC%CF%80%CE%B1%CE%BD%CE%AD%CE%BB%CE%BB%CE%B7_).

—, (2000) Ιάκωβος Καμπανέλλης: ανιχνεύσεις και προσεγγίσεις στο θεατρικό του έργο, Atenas, ed. Kedros.

—, (2001) Θέματα μεταπολεμικού και σύγχρονου θεάτρου, Atenas, ed. Kedros.

—, (2005), «Τα θεατρικά τραγούδια του Ιάκωβου Καμπανέλη», Epistimonikí Epetirida tis Filosofikís Sjolís tou Panepistimiou Athinon 36.

—, (2005), Κείμενα και νοήματα. Μελέτες και άρθρα για το θέατρο, Atenas, Sokolis, pp. 153-202.

[Puchner, W.,] Πούχνερ, Β. (2010), *Τοπία ψυχής και μύθοι πολιτείας. Το θεατρικό σύμπαν του Ιάκωβου Καμπανέλλη*, Atenas, Papazisis.

Ritsos, Giannis (2015), *Cuarta dimensión*. Traducción de García Amorós, M., López Rodríguez, C., y Pociña, A., Granada, Centro de Estudios Bizantinos, Neogriegos y Chipriotas.

[Sakelaropoulou] Σακελλαροπούλου, Φ. (2008), «Γράμμα στον Ορέστη και Ο Δείπνος του Ι. Καμπανέλλη: Στοιχεία πρόσληψης και διακείμενα», en *AA.VV., Από το αττικό δράμα στο σύγχρονο θέατρο. Μελέτες για την πρόσληψη και την διακειμενικότητα*, Atenas, Aigokeros, pp. 121-176.

[Sgourakis, G., Sgourakis, I.] Σγουράκης, Γ., Σγουράκης, Η. (2005), *Μονόγραμμα, Ιάκωβος Καμπανέλλης*, parte 1, Αρχείο ΕΡΤ, disponible en https://archive.ert.gr/7990/

Sófocles (1922[25]), *Tragedias completas*, trad. José Vara Donado, Madrid, Cátedra.

[Tsatsoulis] Τσατσούλης, Δημήτριος (2004), *Ιψενικά διακείμενα στη δραματουργία του Ιάκωβου Καμπανέλλη (Ibsen's Intertexts in the Dramatic Writing of Iakovos Kambanellis)*, Atenas, ed. Metejmio.

[Voutsadaki] Βουτσαδάκη, Αντωνία (2006), *Ο Δράκος του Νίκου Κούνδουρου. Ένας πολιτικός κινηματογράφος*, Atenas, Aigókeros.

[Xanthos] Ξάνθος, Θεόδωρος (2021), «Ιάκωβος Καμπανέλλης. Ο Δείπνος. Η Διακειμενικότητα, οι χαρακτήρες, το μεταθέατρο και η ετεροτοπία στο Σύγχρονο Ελληνικό Θέατρο του Καμπανέλλη», (https://www.researchgate.net/publication/356961621_ Iakobos_Kampanelles_O_Deipnos_E_Diakeimenikoteta_ oi_charakteres_to_metatheatro_kai_e_eterotopia_sto_ Synchrono_Elleniko_Theatro_tou_Kampanelle).

—, «Ιάκωβος Καμπανέλλης *Γράμμα στον Ορέστη*. Η σημασία του γράμματος ως σκηνικού μέσου», (https://www.researchgate.net/ publication/356961367_Iakobos_Kampanelles_Gramma_ston_ Oreste_E_semasia_tou_grammatos_os_skenikou_mesou).

Traducciones al español de obras de Kambanelis por Selma Ancira:

El camino pasa por dentro (Ο δρόμος περνά από μέσα), *Tramoya* 63 (2000).

El epicedio (Ο επικήδειος), Universidad Veracruzana, Veracruz-Xalapa, Colección "Ficción", 2000.

Stella con guantes rojos y otras piezas (Η Στέλλα με τα κόκκινα γάντια), Teatro escogido, Veracruz-Xalapa, Editorial de la Universidad Veracruzana, Colección "Ficción", 2000.

Carta a Orestes y otras piezas (Γράμμα στον Ορέστη και άλλα κομμάτια), *Teatro escogido*, Editorial de la Universidad Veracruzana, Colección "Ficción", Xalapa-Veracruz, 2022.

La cena (Ο δείπνος), *Tramoya* 82 (2004).

Carta a Orestes (Γράμμα στον Ορέστη), *Tramoya* 84 (2005).